L'HABIT NE FAIT PAS LE MOINE,

COMÉDIE-VAUDEVILLE
EN TROIS ACTES,

De MM. Saint-Hilaire et P. Duport

MUSIQUE NOUVELLE
De MM. Doche, Thénard et This.

Représentée pour la première fois, à Paris, sur le théâtre national du Vaudeville, le 18 août 1835.

PERSONNAGES.	ACTEURS.	PERSONNAGES.	ACTEURS.
Ernest DE SÉDAGES, capitaine des carabiniers du Roi.	MM Emile TAIGNY.	Claude PICHARD, hôtelier.	MM. MATHIEU.
BRISSAC. id.	LAFONT.	Eustache FARIN, bourgeois.	BALLARD.
Le Comte de PONT-COURLAY.	FONTENAY.	Guillaume LANGLOIS id.	OTERNEAU.
BEAUDAU, ancien chanoine de la cathédrale de Tours.	LEPEINTRE a.	THÉVENAY, sergent de carabiniers.	CASSEL.
MARIE de PONT-COURLAY.	Mmes LOUISE MAYER.	Un CHEF des gardes parlnat.	BOILEAU.
LOUISE de LAGAN.	THÉNARD.	URSULE, servante de Pichard.	Mlles H. BALTHAZAR.
AGATHE.	FORTUNÉ.	SŒUR TOURRIÈRE.	AUGUSTA.
LA SUPÉRIEURE des carmélites.	GUILLEMIN.	Bourgeois et Ouvriers de Tours.	
SŒUR OPPORTUNE.	ELÉONORE-ST.	Carabiniers, Gardes.	
		Deux Moines.	
		Pensionnaires du couvent des Carmélites.	

L'action se passe sous Louis XIII, à Tours et aux environs.

ACTE PREMIER.

Le théâtre représente la salle principale de l'hôtellerie de Claude Pichard. Au fond, de grandes fenêtres à vitraux, donnant sur la rue. A droite de l'acteur, porte communiquant à la cuisine et à l'extérieur; à gauche, deux portes conduisant aux chambres des voyageurs. Plusieurs tables, des bancs et des chaises à droite et à gauche.

SCÈNE I.

EUSTACHE FARIN, GUILLAUME LANGLOIS, Bourgeois et Ouvriers.

Ils sont assis aux différentes tables et boivent en jouant aux dés.

CHŒUR.

Air : *Ils vont jouer leur vie* (Pré-aux-Clercs.)

Pour noyer le chagrin,
Enfans de la Touraine,
Buvons à tasse pleine,
Et chantons le bon vin.
Que ce joyeux refrain
Nous mette tous en train.

Pour noyer le chagrin, etc.

SCÈNE II.

Les Mêmes, CLAUDE PICHARD, URSULE.

PICHARD, *entrant.* Eh bien, mes braves

Tourangeaux, que disons-nous du vin de Claude Pichard?

LANGLOIS. Pas mauvais, pas mauvais.

FARIN, *prenant la taille d'Ursule.* Bonjour, petite.

URSULE. Finissez donc… j'aime pas qu'on me chiffonne.

FARIN. Fait-elle sa fière, donc!

LANGLOIS. Oui, oui, de c'te semaine… depuis que l' régiment des carabiniers du roi est en garnison à Tours, et qu' les officiers se sont logés dans c't'auberge… ça l'a changée!.. elle devient d'un sauvage pour tout le monde… excepté pour eux…

On rit.

URSULE. Voyez-vous ce coup de langue!.. m'est avis, maître Langlois, qu' vous feriez mieux de regarder c' qui s' passe chez vous, que de vous occuper de ce que font les autres.

LANGLOIS. Qu'est-ce que tu dis?

URSULE. Je dis… je dis que si je ne suis pas sauvage avec les carabiniers, vot' femme n'égratigne pas trop non plus les mariniers de la Loire.

On rit.

LANGLOIS, *se levant.* Insolente!

PICHARD, *le faisant rasseoir.* Allons, allons, ne te fâche pas, elle a raison, ta femme, de ne pas égratigner… c'est une mauvaise habitude.

FARIN. Ah ça, pourquoi donc qu'on les envoie ici ces carabiniers?

LANGLOIS. Peut-être à cause de c'te nouvelle conspiration dont on parlait dernièrement.

FARIN. Contre notre bon roi Louis XIII?

LANGLOIS. Et non… c'est contre l'homme rouge!

PICHARD. Hein?.. l'homme rouge!.. si ça vous était égal de parler d'autre chose?

LANGLOIS. Et depuis quand es-tu devenu si timide, hôtelier d' malheur?

PICHARD. Vous ne savez donc pas que le gouverneur de Tours, le comte de Pont-Courlay, qui était allé rejoindre son éminence au siège de La Rochelle, doit arriver aujourd'hui même.

FARIN. Bah! t'en es sûr?

PICHARD. A telles enseignes que le comte m'a fait commander par un courrier de lui tenir des relais tout prêts, pour aller voir ce matin sa fille, mademoiselle Marie, qui est pensionnaire au couvent des Carmélites, à deux lieues de Tours… vous savez que le gouverneur est l'ame damnée du cardinal, qu'est son cousin, et l'auteur de sa fortune… et s'il lui revenait aux oreilles qu'on tient ici des propos suspects!

TOUS. Il a raison.

LANGLOIS. Oui, oui, faut se clore le bec.

FARIN, *prenant son verre.* Et pour ça, rien de mieux que de le remplir.

CHOEUR.

Air: *Oui l'or est une chimère.*

Mes amis, il faut l'en croire:
Laissons des soins superflus.
Aimer, chanter, rire et boire,
Vraiment, que faut-il de plus.

PICHARD.

Aux puissans de la terre
L'ennui, la peur, l'ambition;
A nous, du vin, un verre,
Et le refrain d'une chanson!

LE CHOEUR.

Mes amis, il faut l'en croire! etc.

BEAUDAU, *dans la coulisse.* Qu'on ait bien soin de ma mule: de l'avoine, de la paille fraîche.

URSULE, *regardant à la porte.* Tiens, c'est M. Beaudau.

FARIN. L'ancien chanoine de la cathédrale de Tours.

LANGLOIS. Oui, qui a renoncé à son canonicat; pour la petite cure de Vouvray, parce qu'il dit qu'un curé peut faire plus de bien à lui seul que dix chanoines ensemble.

FARIN. C'est là un brave homme! vive M. Beaudau!

TOUS. Oui, vive M. Beaudau!

SCÈNE III.

Les Mêmes, BEAUDAU.

A son entrée tout le monde s'empresse autour de lui.

BEAUDAU. Eh bien, eh bien! qu'est-ce que c'est donc? pourquoi crier ainsi? est-ce que sans m'en douter, j'aurais fait quelque miracle?

PICHARD. Eh! mais, monsieur Beaudau, c'en est déjà un de vous voir.

FARIN, *montrant sa table.* Vous semblez avoir chaud… vite, vite, un doigt de vin pour vous rafraîchir.

LES AUTRES, *montrant la leur.* Non… avec nous, avec nous!

BEAUDAU. Doucement, doucement!.. si je vous écoutais tous, à force de me rafraîchir, je pourrais bien me mettre le feu dans le corps… Voyons, Ursule, donne-moi un verre, toi, que je boive à la santé de ces gaillards-là.

Il vide son verre d'un trait.

TOUS. Vive M. Beaudau !

PICHARD. Est-ce que vous quittez votre petite cure de campagne pour nous revenir ?

BEAUDAU. Non, mes enfans... vous êtes riches à Tours, et là-bas, il y a des pauvres, qui ont besoin de moi... ce qui m'amène ici, c'est une affaire très pressée... je ne sais pas encore au juste ce que c'est ; mais tout-à-l'heure on m'expliquera ça.

URSULE. Dites donc, M. Beaudau, empêchez-vous de danser dans votre village ?

BEAUDAU. Dieu m'en garde ! j'aime trop la danse pour ça.

URSULE. Vous aimez la danse ?

BEAUDAU. Quand je dis : j'aime la danse, j'aime à voir danser, tu entends bien qu'à mon âge et dans mon état... ce qu'il y a de sûr, c'est que, quoiqu'on en dise, la danse a toujours été très agréable à Dieu, puisque le roi David lui-même dansait devant l'arche... je ne peux pas répondre, par exemple, que les Tourangeaux dansent absolument comme le roi David. Mais enfin, il doit y avoir quelque chose... vous trouvez bien, à la vérité des esprits chagrins qui objectent que la danse rapproche les garçons et les fillettes ; qu'après les rapprochemens viennent les chuchottemens ; après les chuchottemens, les... est-ce que je sais moi ? eh bien, où est le mal après tout ?.. est-ce que garçons et fillettes ne sont pas naturellement faits pour se rapprocher, chuchotter, c'est clair... ils ne sont sur terre que pour ça et il ne faut pas que le monde finisse, faute d'entrechats, de ronds de jambe, et... de chuchottemens.

PICHARD. Bravo ! v'là d' la morale, comme je l'entends.

FARIN. C'est pas du caffard, ça.

LANGLOIS. C'est à la portée d'un chacun.

URSULE. Sans doute... faut pas que le monde finisse.

BEAUDAU, *lui donnant une tape sur la joue.* Ah ! c'est ça, qui t'a frappée, toi.

URSULE. Dame !

On entend un appel de trompette dans la rue.

FARIN. Tiens ! qu'est-ce qu'il y a donc encor de nouveau ?

CHOEUR.

Air de la Walse de Robin.

Descendons pour savoir bien vite
Ce qu'on annonce à si grand bruit,
Et puis nous reviendrons ensuite,
Pour boire ici jusqu'à la nuit.

URSULE.
C'est queuqu' charlatan qu'on renomme
Qui cri' son baume et ses paquets.

FARIN.
Ou queuqu' missionnair' qui vient d' Rome,
Nous vend' ses r'liqu's et ses chap'lets.

On entend de nouveau la trompette.

LE CHOEUR.

Descendons, pour savoir bien vite, etc.

SCENE IV.

URSULE, BEAUDAU.

BEAUDAU. Reste avec moi, petite... j'ai à te parler... n'avez-vous pas ici, depuis une huitaine de jours un capitaine de carabiniers ?

URSULE. M. Brissac ?

BEAUDAU. Non... Ernest de Sédages.

URSULE. Ah ! oui... son ami... il est sorti de grand matin... c'est son habitude... vous les connaissez donc ?

BEAUDAU. M. Brissac, non ; mais Ernest, je crois bien ! c'est pour lui seul que j'ai quitté aujourd'hui mon joli presbytère de Vouvray... un billet, d'une main inconnue, qui m'est arrivé hier avec ces mots : « Si le sort de votre ancien élève Ernest vous est cher, rendez-vous demain à Tours, à l'hôtellerie de la croix blanche. »

URSULE. Ah ! M. Ernest est votre élève.

BEAUDAU. Oui, vraiment, et il me fait honneur, hein ? il a été vingt ans sous ma férule... qui du reste ne frappait pas bien fort. (*Confidentiellement.*) Et même pas du tout.

Air de Vadé à la Grenouillère.

C'était alors un vrai lutin ;
Il ne tenait jamais en place.
Si je parlais grec ou latin,
Mon étourdi répondait chasse,
Et faisait bientôt volte face.
En ruses contre ma bonté
Son esprit était si fertile,
Que malgré mon autorité,
J'ai toujours fait sa volonté...
Du reste, il était très docile.

URSULE. J' crois bien, comme ça...

BEAUDAU. Ah ! c'est que son bonheur, c'était le mien, vois-tu... je l'aimais tant ! lui, la vivante image de feue sa mère, avec qui mon enfance avait été élevée... et lorsqu'en mourant, elle me dit : mon cher Beaudau, je vous recommande mon fils... (*Très ému.*) Ah ! tiens, tiens, ne parlons pas de ça... j'ai déjà assez pleuré, lors qu'il y a cinq ans, il a quitté Tours pour prendre les armes... Et l'année dernière, avec quelle joie je l'ai revu, quand il est revenu passer ici deux mois... le temps de recueillir l'héritage de son oncle, son dernier parent... il avait pris de la tournure, des manières... un charmant cavalier.

URSULE. Oui... pas mal... un peu langoureux pour un homme... j'aime mieux M. Brissac, moi, c'est ça une figure militaire.

BEAUDAU. Et il est galant, n'est-ce pas?

URSULE. Pour ça, j'en réponds... faut toujours qu'il embrasse, d'abord.

BEAUDAU. Ernest?

URSULE. Eh! non, pas lui, l'autre... ah! ben oui, M. Ernest! Il n' s'aperçoit tant seulement pas si vous êtes là ou ailleurs... des fois il se démène... il a queuqu' grande passion en tête, c'est sûr...

BEAUDAU. Ah! ah!

URSULE. Mais c'est égal, il n'embrasse pas pour ça... Au lieu que M. Brissac qui dit qu'il n'a jamais d'amour...

BEAUDAU. Ah! il embrasse, lui.

URSULE. Oui... moi, surtout.

BEAUDAU. Toi! et tes principes?

URSULE. N'y a pas de principes qui tiennent avec lui... après ça, comme il dit, c'est sans conséquence, puisqu'il n'est pas amoureux.

BEAUDAU. Eh, oh! ne t'y fie pas trop... Il n'y a rien de dangereux comme ce qui est sans conséquence.

URSULE. Eh! mon Dieu! M. Beaudau...

Air : *Tout bas quand on cause.*

Qu' voulez vous qu' j'y fasse?
On le r'fuse en vain;
Il est si tenace,
Qu'il l'emporte enfin.
Or, puisqu'avec lui,
Faut toujours se rendre,
Vaut mieux pas s' défendre,
C'est plus vit' fini.

SCÈNE V.

Les Mêmes, BRISSAC, *et ensuite* SÉDAGES.

BRISSAC, *qui s'est approché pendant le couplet, lui prenant la taille.* Bien dit, petite.

URSULE. Ah! que c'est traître!.. finissez donc, capitaine... d'vant M. Beaudau, un chanoine!

BRISSAC, *saluant.* M. Beaudau?

BEAUDAU, *rendant le salut.* Ex-chanoine, à votre service...

BRISSAC, *passant au milieu.* Déjà arrivé, ah! ça mais vous êtes donc parti, aussitôt la réception de ma lettre?

BEAUDAU. Sans doute... ah! c'est vous qui m'avez écrit, monsieur le capitaine... alors vous allez m'expliquer...

BRISSAC. Tout-à-l'heure... arrive donc, Sédages, tu vas te trouver en pays de connaissance.

Sédages entre.

BEAUDAU, *courant à lui.** Mon Ernest! mon cher Ernest!

SÉDAGES. Vous ici! mon digne maître!

BEAUDAU. Oui, moi, qui devrais te gronder... car voilà une semaine que tu es à Tours, et ce n'est pas par toi que je l'apprends...

SÉDAGES. La crainte de vous déranger.

BRISSAC. Ou d'autres raisons plus mystérieuses...

BEAUDAU. En vérité? Ursule, va donc voir si ma mule a tout ce qu'il lui faut.

URSULE. Tout de suite, M. Beaudau, tout de suite.

BRISSAC, *l'arrête et l'embrasse.* Adieu, espiègle!

URSULE. Là, encore! vous voyez bien qu' c'est pas ma faute, M. Beaudau.

BEAUDAU. C'est bien, c'est bien... je n'ai rien vu... j'étais occupé là... ainsi, va-t'en.

BRISSAC, *la suivant jusqu'à la porte.* Oui va... et sois sûre que si jamais je suis amoureux; ce sera de toi!

SCÈNE VI.

SÉDAGES, BRISSAC, BEAUDAU.

BEAUDAU. Elle est très gentille cette petite.

BRISSAC. N'est-ce pas?

BEAUDAU. Oui... mais ce n'est pas de ça qu'il s'agit... Voyons, toi, Sédages, il paraît qu'il t'arrive quelque chose d'extraordinaire...

SÉDAGES. Comment? qui vous a dit?

BRISSAC. C'est moi... et j'en dirai bien d'autres, je dirai tout.

SÉDAGES. Brissac! au nom de notre amitié...

BRISSAC. Tu oses l'invoquer, quand tu me désoles... toi, qui m'a sauvé la vie!.. car c'est vrai, monsieur, votre élève, au siège de La Rochelle... j'étais tombé, atteint d'un coup d'arquebuse... j'allais périr, lorsqu'il s'est jeté au devant de moi... Oh! si vous l'aviez vu, un lion dans le combat! il m'a défendu contre dix hommes, et après ce que je lui dois, il se permet d'être

* Ursule, Sédages, Beaudau, Brissac.

triste, d'être malheureux, et de m'en cacher la cause ! ingrat !

BEAUDAU. Mon Ernest, triste, malheureux !

BRISSAC. Oui, monsieur, il vous dira que non ; mais ne le croyez pas... pendant quatre ans, je l'ai vu gai, mauvais sujet comme nous autres... des maîtresses, des orgies, des duels... enfin j'étais content de lui... Mais depuis son dernier voyage à Tours...

SÉDAGES. Il vous trompe...

BRISSAC. Non pas, morbleu !... c'est bien depuis ce temps-là que je ne le reconnais plus.. adieu les séductions, les tapages, les folies... en un mot il se dérange. On le voit toujours rêveur, mélancolique, ou bien dans des accès de joie, comme dernièrement quand on nous a envoyés en garnison ici... il ne se possédait plus : à l'aspect des clochers de la ville, il faisait galopper son cheval à cinq cents pas en avant de la colonne... et puis, tous les matins, dès l'aurore, monsieur se lève, monsieur disparaît... où va-t-il ? je l'ignore... mais tout ça m'était suspect... je me suis dit : c'est quelque grand sentiment, quelque niaiserie, et comme il refusait de s'expliquer avec moi, je vous ai fait venir pour le consoler, et le guérir, si vous pouvez, car il est bien malade ce pauvre garçon.

BEAUDAU. Vraiment ? dites-moi donc bien vite ce qu'il faut que je fasse.

BRISSAC. Je n'en sais rien... ça vous regarde, essayez toujours, et si vous ne réussissez pas, ma foi tant pis ! plutôt que de le voir se consumer en jérémiades, je tâcherai de découvrir son inhumaine, moi, et il faudra bien qu'elle s'humanise, n'importe comment, de gré ou de force.

SÉDAGES. Brissac !

BEAUDAU. Capitaine !

BRISSAC. Quoi ? ça n'est peut-être pas très régulier ce que je dis là... que voulez-vous ? je n'entends rien aux grandes passions... vous devez mieux vous y connaître, vous, M. Beaudau.

BEAUDAU. Par exemple !

BRISSAC. Non, je veux dire, que vous devez mieux savoir comment on les traite, vous, médecin de l'âme... dépêchez-vous donc de commencer la cure, car vrai, ça presse.

BEAUDAU. Eh bien, où allez-vous ?

BRISSAC. Je vais... je vais voir s'il ne manque rien à votre mule.

BEAUDAU. Vous êtes trop bon... Ah ! mais j'y pense, Ursule... ce n'est pas la peine, capitaine, ne vous dérangez pas...

SCÈNE VII.
BEAUDAU, SÉDAGES.

BEAUDAU. Ah ! bah ! il est déjà loin... (*Revenant à Sédages.*) Il m'a tout l'air d'un assez mauvais sujet, monsieur ton ami.

SÉDAGES. Il est un peu fou, c'est vrai ; mais un cœur excellent ! et il m'est si dévoué.

BEAUDAU. Il paraît cependant que tu te tiens un peu sur la réserve avec lui... serai-je plus heureux, moi ? m'accorderas-tu plus de confiance ?

SÉDAGES. Oh ! oui, à vous... je dois tout dire ; car vous êtes peut-être le seul qui puissiez empêcher un grand malheur.

BEAUDAU. Ah ! mon Dieu ! explique-toi donc bien vite alors... tu me fais frémir.

SÉDAGES. Comme vous le disait Brissac, je suis amoureux, amoureux fou !

BEAUDAU. Eh bien, mais il n'y a pas de mal à ça, à moins que la personne... voyons, de qui es-tu amoureux !

SÉDAGES. D'un ange, mon ami.

BEAUDAU. J'entends bien, c'est toujours d'un ange qu'on est amoureux ; mais le nom de l'ange.

SÉDAGES. Vous ne le devinez pas ? c'est pourtant vous qui êtes la première cause de mon amour.

BEAUDAU. Moi ! ah ça, mon cher enfant, entendons-nous ; car la lecture des pères de l'église ne m'a pas appris à deviner les énigmes... ainsi, je t'en prie, tâche d'être clair, et commence-moi ça... par le commencement.

SÉDAGES. Lorsque je vins ici, l'an dernier, pour recueillir la succession de mon oncle, vous étiez encore directeur du couvent des Carmélites.

BEAUDAU. Oui, après ?

SÉDAGES. Vous vous plaisiez à parler de vos jeunes pénitentes, de leurs graces, de leurs vertus !

BEAUDAU. C'est vrai, je les chérissais comme un père chérit ses enfans... deux entr'autres... cette petite espiègle de Louise de Lacan, et sa cousine, si douce, si résignée...

SÉDAGES. Et si jolie !

BEAUDAU. Hein ? ah ! mon Dieu ! est-ce que ce serait elle ? Marie de Pont-Courlay.

SÉDAGES. C'est votre faute.

BEAUDAU. Ma faute !

SÉDAGES. Sans doute, les éloges que vous en faisiez sans cesse devant moi avaient enflammé mon imagination ; j'aspirais à contempler ses traits... et, vous vous rappelez les visites fréquentes que je vous faisais alors...

BEAUDAU. Eh bien?

SÉDAGES. Eh bien, oh! vous vous fâcherez... mais c'était dans l'espoir de la rencontrer une fois près de vous, et j'y réussis ; oui, un jour... au parloir..

BEAUDAU. Voyez-vous le petit hypocrite, moi, qui prenais ça pour mon compte.

SÉDAGES. Pardon, pardon...

BEAUDAU. Eh, va donc toujours, je ne t'en veux pas... voyons crois-tu que cette chère enfant se doute de ton amour?

SÉDAGES. Je ne sais... depuis mon retour, je ne l'ai revue que de loin, à une des fenêtres du couvent. Il est vrai que je l'y ai revue presque tous les jours...

BEAUDAU. Dame! si tu choisis toujours l'heure où elle prend l'air, ça ne prouve rien ça, mon garçon... et puis au fait, si on t'avait distingué, je l'aurais su dans le temps, moi qui confessais ton petit ange.

SÉDAGES. Est-il possible? quoi! vous l'avez vue si près de vous, vous avez senti son souffle enivrant, compté pour ainsi dire tous les battemens de son cœur.

BEAUDAU. Il est sûr que si j'y avais fait bien attention...

SÉDAGES. Ah! c'était le ciel! c'était la joie des bienheureux, et vous n'avez pas succombé à l'excès du bonheur!

BEAUDAU. Je n'ai succombé à rien du tout; je lui ai donné l'absolution, tout bonnement, comme aux autres.

SÉDAGES. Ah! sans doute... vous ne l'aimiez pas, vous.

BEAUDAU. Il n'aurait plus manqué que ça, par exemple! Ecoute, mon garçon, en y réfléchissant bien, je crois qu'il faut que tu renonces à cet amour là.

SÉDAGES. Y renoncer!

BEAUDAU. Oui, s'il s'agissait de toute autre pensionnaire, je pourrais essayer; mais ici, peine perdue, la fille du gouverneur de Tours! une parente du cardinal... il y aurait trop d'obstacles!

SÉDAGES. Des obstacles! oh! nous les surmonterons... ou je mourrai!

BEAUDAU. Plaît-il? est-ce qu'on meurt d'amour à présent?

SÉDAGES. Vous verrez!

BEAUDAU. Laisse-moi donc tranquille!.. moi aussi, à ton âge... j'ai eu des passions très violentes... et je n'en suis pas mort... sais-tu ce que je faisais, quand ça me prenait?.. je m'enfermais bien vite dans ma cellule... j'ouvrais le premier dictionnaire venu, et je me mettais à le copier tout au long... ça n'est pas très amusant; mais ça calme bien. Tu devrais en essayer un peu du dictionnaire... Veux-tu que je t'en prête un.

SÉDAGES. Je vois que j'avais tort de compter sur vous... vous ne pouvez même comprendre ce que j'éprouve!

BEAUDAU. Si, si, allons, ne te fâche pas... Tiens, imagine seulement un moyen et je t'aiderai de bien bon cœur, si je peux.

SÉDAGES. Un moyen, eh! mon Dieu! le meilleur... serait de l'enlever.

BEAUDAU. L'enlever, bonté divine! enlever une pensionnaire carmélite! moi chanoine honoraire du chapitre métropolitain!

SÉDAGES. Vous avez raison, oui... on pourrait trouver cela un peu léger de votre part.

BEAUDAU. Un peu léger! je crois bien!

SÉDAGES. Si seulement, vous pouviez vous charger d'une lettre...

BEAUDAU. Une lettre à présent!.. je te le demande à toi-même, là... avec mon habit, mon caractère, puis-je en conscience m'établir messager de... ah!

SÉDAGES. Vous aimez donc mieux que je meure; adieu!

BEAUDAU. Comment! adieu, du tout... Ah! quelle tête, quelle tête, voulez-vous bien rester ici, mauvais sujet... Il me jette dans des transes!

~~~~~~~~~~~~~~~~~~~~~~~~~~~~~~~~~~

SCÈNE VIII.
URSULE, BEAUDAU, SÉDAGES.

URSULE. M'sieur Beaudau, M'sieur Beaudau, on vous d'mande.

BEAUDAU. Je n'ai pas le temps.

URSULE. C'est monsieur le gouverneur de Tours qui arrive.

SÉDAGES. Le père de Marie!

BEAUDAU. Comment?

URSULE. Il faisait changer ses chevaux pour aller au couvent de sa fille, quand on lui a dit par hazard que vous étiez ici... ça a paru lui faire plaisir, et il monte pour vous parler.

BEAUDAU. Ah! c'est le ciel qui me l'envoye! Ernest.

SÉDAGES. Mon ami.

BEAUDAU. Va-t'en.

SÉDAGES. Pourquoi?

BEAUDAU. Je te dis de me faire le plaisir de t'en aller.

SÉDAGES. Ah! je vous devine!

BEAUDAU. Non, non pas de fausse joie, de fausse espérance... ça fait trop de mal après... ne compte sur rien... je ne te promets rien.

SÉDAGES, *lui sautant au cou*. Ah! que vous êtes bon!

BEAUDAU. Prends donc garde, veux-tu bien te sauver, tout de suite, tout de suite. (*Sédages sort.*) Au moins le gouverneur ne le verra pas... il ne saura pas de qui il s'agit, et s'il se fâche, il n'y aura que moi d'exposé.

URSULE, *au gouverneur en montrant Beaudau*. Le v'là, monseigneur.

Elle sort.

SCÈNE IX.
LE GOUVERNEUR, BEAUDAU.

LE GOUVERNEUR. Mon digne M. Beaudau.

BEAUDAU. Monseigneur.

LE GOUVERNEUR. En arrivant à Tours, j'aurais dû m'attendre à vous y rencontrer.

BEAUDAU. Comment cela?

LE GOUVERNEUR. C'est qu'il est tellement dans votre nature de rendre service, que vous êtes toujours là quand on a besoin de vous.

BEAUDAU. Je pourrais vous être utile?

LE GOUVERNEUR. Oui, pour une démarche, importante à ma famille, et dont je vous l'avoue, je me trouvais un peu embarrassé, tout-à-l'heure encore... avant qu'on m'ait fait songer à vous.

BEAUDAU, *à part*. Comme ça se rencontre! (*Haut.*) Soyez sûr de mon zèle, qui du reste, n'aura guère de mérite, puisque j'ai moi-même une prière à vous adresser.

LE GOUVERNEUR. Tant mieux, quelque bonne action, sans doute.

BEAUDAU. Oh! oui, oui... c'en est une, je l'espère.

LE GOUVERNEUR. Apprenez-moi vite.

BEAUDAU. Non, non, monseigneur, parlez le premier... ne fut-ce que pour m'enhardir... voyons, pour vous d'abord, que dois-je faire?

LE GOUVERNEUR. Allez voir ma fille aujourd'hui même, et lui dire... mais en causant, de bonne amitié, avec douceur, enfin comme un père...

BEAUDAU. Oh! quant à ça, entre elle et moi, c'est l'habitude.

LE GOUVERNEUR. Je le sais, et voilà pourquoi j'ai pensé que vous conveniez mieux que personne, pour la disposer à prendre le voile!

BEAUDAU. Le voile!

LE GOUVERNEUR. Oui... il le faut, dans deux jours au plus tard... je compte sur vous pour l'y décider... et maintenant, dites-moi ce qu'à mon tour je puis faire pour vous?

BEAUDAU. Oh! pour moi... bien obligé, je vous avoue qu'à présent.. (*A part.*) Le voile! dans deux jours! je tombais bien; essayons toujours de gagner du temps, et plus tard... (*Haut.*) Pardon, monseigneur, mais deux jours pour se préparer, c'est bien peu, une telle précipitation...

LE GOUVERNEUR. Est nécessitée par des raisons de famille... dont au surplus, je ne veux pas vous faire un secret... Vous savez que j'ai un fils.

BEAUDEAU. Un charmant enfant, que je faisais sauter l'autre jour encore sur mes genoux... il commence à épeler très joliment.

LE GOUVERNEUR. Le jour même où sa sœur prendra le voile, il doit être nommé colonel des chevaux-légers du roi.

BEAUDAU. A cinq ans! un colonel de cinq ans! Il me semble que quand vous attendriez encore un peu, le régiment n'en irait pas plus mal.

LE GOUVERNEUR. Attendre! et s'il n'y avait plus de vacance! d'ailleurs, c'est une condition... il importe au cardinal d'avoir à sa dévotion tous les chefs de la garde du roi... quant à l'âge de mon fils, mille exemples pareils... c'est même une raison de plus pour le cardinal qui ne tiendra que mieux le régiment sous sa main.

BEAUDAU. J'entends... c'est-à-dire que c'est son éminence qui sera colonel des chevaux-légers... et je vois, monseigneur, qu'on a pensé à tout, excepté à la pauvre Marie!

LE GOUVERNEUR. Ma fille, elle m'est chère... et bientôt le sort le plus brillant, le titre de supérieure des Carmélites!

BEAUDEAU, *avec amertume*. Oui, voilà en effet, de quoi lui assurer une existence bien heureuse! ainsi, il est donc bien résolu qu'elle sera sacrifiée à la fortune de son frère.

LE GOUVERNEUR. Sacrifiée... vous, ministre du ciel, pouvez-vous parler ainsi! est-ce la sacrifier que la consacrer à Dieu?

BEAUDAU.

Air : *Muse des bois et des accords champêtres.*

Dieu! dites-vous? que sa loi soit la vôtre!
A-t-il prescrit, lui, notre père à tous,
D'enrichir l'un des dépouilles de l'autre?
Non, sa bonté se partage entre nous.
Le bien, le mal, pesés dans sa balance,

Règlent nos droits à son céleste appui ;
Et réunis dans son amour immense,
Tous ses enfans sont égaux devant lui.

LE GOUVERNEUR. Il suffit, monsieur, vous refusez la mission pour laquelle je comptais sur vous.

BEAUDAU, *avec véhémence.* Eh ! monseigneur, cette mission, la confieriez-vous à un autre, si vous ne craigniez au fond du cœur, qu'en vous écoutant, votre fille se demande si elle a encore un père !

LE GOUVERNEUR. M. Beaudau !..

BEAUDAU. Pardon, pardon, je ne veux pas vous irriter... à Dieu ne plaise ! un mot seulement encore... Si c'est décidé, soit, que toute votre fortune passe à votre fils, mais pourquoi retrancher votre fille du monde ?.. s'il se présentait pour elle... enfin, je suppose... un parti honorable, un jeune homme noble, opulent, qui ne vous demanderait que sa main...

LE GOUVERNEUR. Que dites-vous, monsieur ?

BEAUDAU. C'est une supposition... mais enfin, si je trouvais... en cherchant... (*A part.*) pas bien loin... (*Haut.*) alors, double avantage ! toutes les grandeurs pour le petit bonhomme, et à Marie, sa part, en bonheur !.. Eh bien, dans ce cas-là, que répondriez-vous ?

LE GOUVERNEUR. Que ce serait impossible.

BEAUDAU. Pourquoi donc ?

LE GOUVERNEUR. La politique du cardinal.

BEAUDAU. Toujours le cardinal.

LE GOUVERNEUR. Vous ne l'ignorez pas, sa résistance au pape dans l'affaire de la Valteline, les secours qu'il a envoyés aux protestans d'Allemagne, ont aigri contre lui la cour de Rome... c'est une ennemie d'autant plus dangereuse qu'elle ne se venge que dans l'ombre... pour se réconcilier avec elle, il a besoin qu'un grand exemple de dévotion soit donné dans sa propre famille... et c'est Marie qui a été désignée pour cela.

BEAUDAU. A merveille ! Ainsi donc, à défaut de piété personnelle, son eminence en aura par délégation ! comme c'est édifiant ! et qu'il est beau à vous, monsieur le comte, d'immoler votre fille à de si misérables calculs !

LE GOUVERNEUR. Encore, monsieur.

BEAUDAU. Eh bien, quoi, monseigneur ? oh ! je n'ai pas l'habitude de farder ma pensée, moi, et quoiqu'il puisse m'arriver je dirai toujours...

LE GOUVERNEUR. Assez, monsieur, assez, je renonce à votre concours... ainsi de nouvelles observations seraient inutiles. Vous ne comprenez pas bien ma position, la nécessité que je subis... et vous me jugez avec une sévérité que je ne mérite pas ; mais l'amertume de vos réflexions n'ayant sa source que dans la vive amitié que vous portez à ma fille, je veux bien l'excuser.... Croyez-moi, cependant, que vos paroles hardies sur le cardinal restent entre nous ; que nul dans cette ville n'en devienne confident, il en résulterait peut-être pour vous des dangers qu'il ne dépendrait pas de moi de détourner... adieu, M. Beaudau ; n'oubliez pas ma recommandation.

Il sort.

BEAUDAU, *le saluant.* Monseigneur... (*A lui-même.*) Des dangers ! ah ! ce n'est pas pour moi que j'ai peur, mais mon cher Ernest...

SCÈNE X.
BEAUDAU, SÉDAGES, BRISSAC.

SÉDAGES, *avant de paraître.* Laisse-moi ! laisse-moi !

Il entre, échappant à Brissac.

BRISSAC, *le suivant.* Imprudent ! Ah ! il est parti !

SÉDAGES, *courant à Beaudau.* Mon ami...

BEAUDAU. Mon enfant, tu sais donc ? est-ce que tu écoutais ?

BRISSAC. Oui, et moi aussi... je suis arrivé là très heureusement pour le retenir, ne voulait-il pas entrer, se jeter aux pieds de ce maudit gouverneur ?

BEAUDAU. Quelle imprudence !

BRISSAC. Sans doute, c'était éventer la mine.... donner l'éveil au père, joli moyen pour parvenir à enlever la fille.

BEAUDAU. Comment, l'enlever ! j'espère bien qu'il n'est plus question de cela, et que vous m'aiderez plutôt à lui prouver qu'il faut qu'il l'oublie.

SÉDAGES. L'oublier, ah ! maintenant moins que jamais... ce n'est plus pour moi seul, mais pour elle qu'on veut tyranniser.

BEAUDAU. La tyranniser... d'abord, qui est-ce qui te dit que ce n'est pas dans ses goûts ? car enfin, tu en es convenu toi-même, tu ignores si elle t'aime...

SÉDAGES. Oh ! je le saurai à tout prix.

BRISSAC. Oui, oui, il faut que nous sachions à quoi nous en tenir !... et pour cela, nous irons le lui demander à elle-même... dussions-nous brûler le couvent, s'il n'y a pas d'autre moyen d'en faire ouvrir les portes!

BEAUDAU. Miséricorde! Ernest, mon enfant, n'écoute pas un pareil écervelé, ne suis que mes conseils, entends-tu! Brûler un couvent!

BRISSAC. Soyez tranquille, nous essayerons d'abord des moyens plus doux.

BEAUDAU. C'est bien heureux! je te le répète, Ernest, ne l'écoute pas... il n'y a plus rien à faire, vois-tu bien, qu'à te résigner.

BRISSAC. Oui, et à mourir de consomption, n'est-ce pas? ah çà! mais vous n'êtes donc pas son ami?

BEAUDAU. Je ne suis pas son ami! moi! comment tu entends ça et tu ne dis rien, à quoi penses-tu donc?

SÉDAGES. Je ne pense à rien, je n'entends rien, je suis désespéré, anéanti... voilà tout...

BEAUDAU. Allons, tout le monde perd la tête, jusqu'à moi, qui ne sais que faire; ah! un moyen, un seul... (*Appelant.*) Ursule, Ursule! Ah! je ne suis pas son ami! Ursule...

SCÈNE XI.
Les Mêmes, URSULE.

URSULE, *elle porte des draps*. Quoi donc, M. Beaudau?

BEAUDAU. Fais-moi le plaisir d'aller à l'hôtel du gouverneur savoir si la comtesse est ici.

URSULE. Pardon, M. Beaudau, j' peux pas bouger pour le moment... tout est sens dessus dessous dans l'hôtellerie, rapport à deux saints missionnaires qui arrivent de Rome en droite ligne pour le jubilé...

BRISSAC et BEAUDAU. Des Missionnaires...

URSULE, *à Beaudau*. Oui... vous savez, c'est eux qu'on criait ce matin... J' vas mettre des draps à leurs lits.

BEAUDAU. Mais tu peux bien avant...

URSULE. Non, non, c'est pressé... tenez, v'là déjà maître Pichard qui les amène.

Elle sort. Ici, l'orchestre commence à exécuter en sourdine, un motif du final de cet acte.

BEAUDAU, *à lui-même*. Tout bien considéré, je crois que je ferai mieux d'y aller tout de suite, moi-même... Oui, c'est ça...

Fausse sortie.

SÉDAGES. Eh bien, vous m'abandonnez?

BEAUDAU. Sois tranquille, si je te quitte, c'est pour m'occuper de toi... surtout, je t'en prie, ne te laisse pas endoctriner par ce cerveau brûlé... Ah! je ne suis pas son ami, on verra, on verra!

Il sort.

SCÈNE XII.
SÉDAGES, BRISSAC.

BRISSAC. Il est vraiment exaspéré, le digne homme.

SÉDAGES. Tu as eu tort, aussi.

BRISSAC. Chut; voilà les moines.

SCÈNE XIII.
Les Mêmes, PICHARD, Deux Moines, Quatre Garçons d'auberge, *portant deux grands coffres*.

PICHARD, *entrant après les garçons*. Par ici, mes révérends, par ici.

BRISSAC, *bas à Sédages*. Oh! quel air cafard!

En passant devant eux, les moines leur donnent la bénédiction. La musique cesse quand ils sont sortis par la porte opposée à celle par laquelle ils sont entrés.

SCÈNE XIV.
SÉDAGES, BRISSAC.

BRISSAC, *revenant à Sédages*. Allons donc, Sédages, allons donc, pourquoi te décourager ainsi? c'est le moyen de tout perdre.

SÉDAGES. Eh! tout n'est-il pas perdu?..

BRISSAC. Non, cent fois non, je te le répète, tu réussiras, si tu mets bien dans ta tête de réussir...

SCÈNE XV.
SÉDAGES, BRISSAC, URSULE.

URSULE, *avant d'entrer*. Oui, not' maître, j'y vas.

BRISSAC, *l'arrêtant*. Où vas-tu?

URSULE. Commander un bon consommé pour leurs révérences...

BRISSAC. Diable, ils se soignent, à ce qu'il paraît.

URSULE. Dam! des hommes si saints, savez-vous qu'ils apportent une provision d'osselets, de chapelets, et d'indulgences à tout prix... Dieu, si j'étais riche...

BRISSAC. Bah! ça te tente?

URSULE. Si seulement j' pouvais avoir un petit chapelet béni par le Pape.

BRISSAC. A ta place, je prendrais plutôt des indulgences.

URSULE. Ah! que c'est méchant!

BRISSAC.

Air: *Vaudeville de l'écu de six francs.*

Mais pour être sûre, ma chère,
D'avoir d'eux ce qu'il t'en faudra,
Tâche d'arriver la première,
Dépêche-toi...

URSULE.
Pourquoi donc ça?

BRISSAC.
Dépêche-toi...

URSULE.
Mais pourquoi ça?

BRISSAC.
C'est qu'au feu qui dans leurs yeux brille,
Venant de si loin, moi, je crois,
Qu'en route ils ont pu quelquefois
Faire brèche à leur pacotille.

URSULE. Ah, si on peut dire!..

BRISSAC. Et quand commence la mission?

URSULE. Ici, pas tout de suite, les bons pères doivent d'abord aller aux Carmélites...

SÉDAGES, *se levant.* Aux Carmélites?

URSULE. Tiens, ça l'a réveillé ça!

BRISSAC. Ah! ils vont aux Carmélites.

URSULE. Oui... ils y sont attendus pour demain... il paraît que la supérieure était prévenue, car depuis plus de huit jours, on est occupé à rassembler des provisions de volailles, poissons, fruits, vins, patisseries, sucreries, sirops... enfin, toutes les chatteries possibles.

BRISSAC. Et tout cela pour ces frocards?

URSULE. C'est bien le moins, ces pauvres révérends! ils auront tant à faire! Prêcher deux fois par jour, et puis confesser toutes les pensionnaires, toutes les religieuses, jeunes et vieilles...

BRISSAC. Les vieilles aussi, ça sera fatigant.

URSULE. J' crois bien.... aussi on dit qu'ils ont partagé la besogne pour qu'elle soit mieux faite... il y en a un qui confesse, et l'autre qui prêche... de c'té manière-là...

SCÈNE XVI.
Les Mêmes, PICHARD.

PICHARD, *portant les robes des moines.* Encore arrêtée à jaser avec messieurs les officiers... c'est très indécent, mademoiselle, très indécent! surtout au moment où la maison est sanctifiée par la présence de nos révérends pères en Dieu!

BRISSAC. Allons, est-ce qu'il est déjà pris, celui-là?

URSULE. Not' maître, c'est pas moi qui m'a arrêtée... c'est eux qui m'ont retenue.

PICHARD. C'est bon, c'est bon; prends ces robes pour les faire bien battre et brosser... tu les rapporteras ensuite à la porte des bons pères... tu sais, n. 2.

URSULE. Oui, not' bourgeois.

BRISSAC, *bas.* N'entre pas, surtout.

URSULE Soyez donc tranquille.

Elle sort.

SCÈNE XVII.
Les Mêmes, hors URSULE.

PICHARD. Comme la chambre des révérends est mitoyenne avec la vôtre, j'espère, mes officiers, que vous voudrez bien ne pas faire trop de bruit, si messieurs vos camarades viennent comme de coutume jouer avec vous au passe-dix.

BRISSAC. C'est bon! c'est bon!

PICHARD. Non, c'est que, voyez-vous, d'après quelques mots que les bons pères murmuraient entre eux, j'ai idée qu'ils comptent voir bientôt notre grand cardinal, et s'ils allaient lui dire du mal de mon auberge...

BRISSAC. Imbécille.

PICHARD. Ecoutez donc, je tiens à la réputation de ma maison, et je ne voudrais pas...

BRISSAC. Assez, assez... laisse-nous.

Il le pousse vers la porte de droite.

SCÈNE XVIII.
SEDAGE, BRISSAC.

BRISSAC. Victoire, mon ami, le bienheureux couvent nous est ouvert! tâchons seulement d'escamoter les robes, et je réponds de tout.

SÉDAGES. Tu voudrais?...

BRISSAC. Pourquoi non?.. mais surtout

ne vas pas en parler à ton digne précepteur... un rien l'effraye...

SÉDAGES. Un rien!... Mais ceci est sérieux, et si le cardinal...

BRISSAC. Je conviens que c'est un genre d'équipées sur lequel il n'entend pas raillerie... mais que veux-tu, le temps presse, tu n'as pas le choix des moyens... et à moins que tu ne sois résigné à perdre ta maîtresse...

SÉDAGES. Ah! plutôt mourir!.. mais c'est toi qu'il m'en coûte de compromettre!

BRISSAC. Laisse donc, tu t'es bien autrement exposé pour moi... Et puis, vrai, là, je ne serai pas fâché de voir de près ces excellentes carmelites... des créatures si attentives, si prévenantes... As-tu entendu ce que disait Ursule?.. Nous vivrons très bien là, mon cher ami...

SÉDAGES. Mais...

BRISSAC. Chut!.. la petite... laisse-moi faire.

SCÈNE XIX.

Les Mêmes, URSULE. *Elle porte les robes.*

BRISSAC, *l'arrêtant.* Eh! là! là.. comme tu cours!

URSULE. Laissez-moi, capitaine, faut que je porte ces robes...

BRISSAC. Au numéro 2... oui, nous le savons... mais donne-les, tiens, moi, je m'en charge.

URSULE. Comment?

BRISSAC. Toi, pendant ce temps, tu me rendras un service.

URSULE. Quoi donc?

BRISSAC. Tu vas aller bien vite au poste voisin dire à Thévenay, le sergent de carabiniers, de venir me parler tout de suite.

URSULE. Mais les robes...

BRISSAC. Puisque je te dis que je m'en charge... va donc.

URSULE, *en s'en allant.* Vous en repondez au moins!

BRISSAC. Oui, oui!.. (*Revenant à Sédages.*) Ah!... tiens, va mettre ça en sûreté.

SÉDAGES. Mais, pourquoi faire venir Thévenay?

BRISSAC. Une idée sublime, mon cher!. je suis en veine aujourd'hui... tu verras... tout ça va se dérouler petit à petit... Dis-moi, nos deux sous-lieutenans, Saint-Elme et Dugast, ne sont-ils pas encore à Blois?

SÉDAGES. Sans doute... jusqu'à lundi: leur permission était de huit jours.

BRISSAC. A merveille!.. va donc vîte t'enfroquer de ton mieux... je te rejoins à l'instant.

Sédages sort par la première porte de gauche; le jour baisse.

SCÈNE XX.

THÉVENAY, BRISSAC.

BRISSAC. Ces braves moines... j'en ris d'avance!.. Ah! vous voilà, Thévenay... approchez.

THÉVENAY. Oui, mon capitaine.

BRISSAC. Messieurs les sous-lieutenans Saint-Elme et Dugast viennent d'arriver de Blois... ils sont mis aux arrêts forcés, par ordre supérieur.

THÉVENAY. Oui, mon capitaine.

BRISSAC. Vous allez sur-le-champ, placer une sentinelle à la porte de la chambre n.° 2... où ils sont maintenant.

THÉVENAY. Je croyais qu'ils logeaient au n.° 7.

BRISSAC. Ils ont déménagé... Vous donnerez la consigne la plus sévère à la sentinelle... Que personne ne sorte de la chambre, et que personne n'y entre, sous aucun prétexte, que nulle communication, en un mot, ne puisse s'établir du dedans au dehors, avant ordre contraire, entendez-vous bien.

THÉVENAY. Oui, mon capitaine.

BRISSAC. Pour plus de sûreté, vous placerez une seconde sentinelle dans la rue, sous la fenêtre de ces Messieurs, et comme ils ont la tête un peu échauffée, vous recommanderez bien à vos hommes de ne s'inquiéter nullement de toutes les extravagances qu'ils pourront dire ou faire.

THÉVENAY. Oui, mon capitaine.

BRISSAC. Enfin, pour mieux assurer le respect de la consigne par les gens de la maison, vous établirez à cette extrémité du corridor un poste de quatre hommes, qui n'y laissera pénétrer qui que ce soit... allez, et ne perdez pas une minute.

THÉVENAY. Ça suffit, mon capitaine. (*Il sort.*)

BRISSAC. Ma foi!.. si ceux-là ne sont pas bien gardés!.. (*L'orchestre commence la ritournelle du final.*) On vient... allons... vîte à ma toilette.

Il sort par la première porte de gauche. Au même instant, entrent par la porte de droite tous les buveurs du commencement de l'acte. Il fait nuit; des garçons placent des lampes sur les tables.

SCÈNE XXI.

EUSTACHE FARIN, GUILLAUME LANGLOIS, GERVAIS, Autres Buveurs, puis CLAUDE PICHARD et URSULE.

FINAL.

Musique de M. This.

CHOEUR DES BUVEURS.

A table ! à table !
Francs buveurs, gais lurons !
Hôtellier du diable,
Vite des flacons !
Du vin ! du vin !
Buvons jusqu'à demain.

Frappant sur les tables.

Du vin ! du vin !

CLAUDE PICHARD, *entrant avec Ursule.*

Quel bruit ! quel scandale !
Savez-vous mécréans,
Que près de cette salle
Dorment deux révérends !

LES BUVEURS.

Qu'ils dorment, nous, nous voulons boire !

Frappant de nouveau sur les tables.

Du vin ! du vin ! du vin !

URSULE.

Not' maître, vous pouvez m'en croire,
En v'là pour jusqu'à demain matin.

On apporte du vin et les buveurs se calment.

SCÈNE XXII.

Les Mêmes, BEAUDAU.

Beaudau entre en s'essuyant le front ; il paraît accablé.

BEAUDAU.

Ma démarche était inutile.
La comtesse n'est point en ville.
Rejoignons ce pauvre garçon !

Au moment où il se dirige vers la porte, qui conduit à la chambre de Sédages, Thévenay entre par la porte de droite avec cinq carabiniers, qu'il fait ranger en entrant. Beaudau s'arrête étonné.

SCÈNE XXIII.

Les Mêmes, THÉVENAY, Carabiniers, puis BRISSAC et SÉDAGES.

BEAUDAU, CLAUDE PICHARD, URSULE ET LES BUVEURS.

Quel est donc ce mystère ?
Des gens armés dans la maison.

BEAUDAU, *à Thévenay.*

Qu'est-il donc arrivé ?

THÉVENAY.

Ce n'est pas votre affaire.

Place ! (*Il fait avancer ses hommes vers l'autre porte.*)

LE CHŒUR, *pendant ce mouvement.*

Quel étrange mystère !
C'est quelque trahison !

Brissac et Sédages paraissent vêtus en moines, au moment où les carabiniers sont vis-à-vis la porte ; l'orchestre exécute le même motif de marche qui a servi pour l'entrée des autres moines. Brissac donne la bénédiction aux carabiniers qui s'inclinent et se rangent pour les laisser passer.

LE CHOEUR.

Les révérends ! Faisons silence !
Respectons leur présence,

BRISSAC, *bas à Sédages vers le milieu du théâtre.*

J'espère que le tour est bon !..
Baisse donc mieux ton capuchon.

Pendant ce temps, Thévenay a donné la consigne à ses hommes. Tous les buveurs sont levés. Brissac et Sédages poursuivent leur marche en donnant des bénédictions à droite et à gauche. Ursule baise la robe de Brissac en s'inclinant. Brissac distrait va la baiser au front, lorsque Sédages le tire par la manche, il donne alors la bénédiction à Ursule. Beaudau veut entrer dans le corridor qui conduit chez Sédages. Thévenay, frappant de son arme la terre, lui dit On ne passe pas. Beaudau interdit se retourne ; à ce moment Brissac qui est arrivé à la porte de droite, se retourne aussi, et donne une dernière bénédiction à toute l'assemblée qui s'incline, ce que fait aussi Beaudau.

FIN DU PREMIER ACTE.

ACTE DEUXIÈME.

Le théâtre représente une grande salle du couvent des Carmélites, servant de classe. A droite de l'acteur, une porte communiquant à l'intérieur; à gauche, celle qui communique à l'extérieur. Des deux côtés, des tables de travail et des bancs pour les pensionnaires. Un grand fauteuil en tapisserie pour la sœur surveillante.

SCÈNE I.
LA SUPÉRIEURE, SŒUR OPPORTUNE, MARIE, LOUISE, AGATHE, Pensionnaires.

Au lever du rideau, les pensionnaires sont assises, elles ont un livre à la main ; mais toutes le nez en l'air. La sœur Opportune est assise dans le grand fauteuil, elle travaille, à moitié endormie, à un morceau de tapisserie. Louise, cachée derrière le fauteuil de sœur Opportune, la chatouille avec le bout d'une plume. Sœur Opportune croyant que c'est une mouche, semble la chasser de la main.

LOUISE. Chut!.. la supérieure!.. (*Elle se sauve à sa place.*)

Au moment où la supérieure entre, toutes les têtes se baissent vers les livres. Sœur Opportune se lève et reste debout devant son fauteuil.

LA SUPÉRIEURE, *entrant par la porte de droite.* Laissez là vos leçons, mesdemoiselles.

Toutes posent vivement leur livre sur la table avec un mouvement de joie.

LOUISE. Tiens, est-ce qu'il y a congé ?

LA SUPÉRIEURE. Vous allez avoir à vous occuper de quelque chose de plus grave. Comme les révérends missionnaires, que nous n'attendions que sous huitaine, doivent arriver aujourd'hui même, vous allez préparer sur-le-champ vos examens de conscience, pour ne pas faire perdre de temps à ces bons pères.

LOUISE, *à part.* C'est bien amusant !

LA SUPÉRIEURE. Qui est-ce qui raisonne par là ?

TOUTES. Personne, madame.

SŒUR OPPORTUNE. Je n'ai rien entendu.

LOUISE. Je crois bien, elle dort tout debout.

LA SUPÉRIEURE. Allons mes demoiselles, commencez... et vous sœur Opportune, veillez au bon ordre.

SŒUR OPPORTUNE. Oui, sainte mère.

La supérieure sort par la porte de gauche ; la sœur Opportune se rassied, et presqu'aussitôt sa tête tombe sur sa poitrine ; elle laisse échapper sa tapiserie et s'endort tout-à-fait. Louise est en tête de la table de gauche, et Marie en tête de celle de droite.

SCÈNE II.
MARIE, LOUISE, AGATHE, Les Pensionnaires, SŒUR OPPORTUNE.

LOUISE. Silence donc, mesdemoiselles.. vous m'empêchez de chercher.... As-tu trouvé quelque chose, toi, Agathe?..

AGATHE. Non, pas encore... je taille ma plume... (*Sœur Opportune ronfle.*) Eh! bien, qu'est-ce qu'a donc sœur Opportune ?

LOUISE. Elle veille au bon ordre... laisse-la faire... (*s'approchant d'Opportune.*) Dort-elle de bon cœur!.. pauvre femme, je ne sais pas ce qu'elle a, mais depuis quelque temps... (*Allant au banc de Marie.*) Eh! bien, Marie, où en es-tn?... ah!... tu as déjà écrit... tu es bien heureuse... Certainement, moi, je ne suis pas meilleure qu'une autre... eh! bien, quand il s'agit de faire ma liste, je ne sais jamais par où commencer...

SŒUR OPPORTUNE, *rêvant.* Oui, mon père...

LOUISE, *se rapprochant du fauteuil.* Chut!.. elle rêve...

SŒUR OPPORTUNE. Mon père.... j'ai...

LOUISE. Elle se croit à confesse, c'est parfait!..

SŒUR OPPORTUNE. Mon père.... j'ai menti.

Toutes les pensionnaires rient.

LOUISE, *riant aussi.* Chut!.. ah! vous avez menti.... à votre âge !... c'est un très vilain péché, ma sœur !.. Tiens, mais j'y pense, moi qui étais embarrassée, je peux toujours mettre celui-là. (*Elle retourne à sa place.*)

AGATHE et les Autres. Moi aussi.

LOUISE. Là.... en voilà déjà un bon.... Voyons... après ça... après ?.. je ne trouve plus rien... je suis pourtant bien sûre... C'est ennuyeux... on devrait faire une dictée ça serait plus commode... Ah! mesdemoiselles, une idée.. une excellente idée!. écoutez... (*Elles quittent toutes leur table et s'approchent leur papier à la main; Marie, seule, reste à sa place.*) Nous pouvons bien nous dire ça entre nous : un peu plus, un peu moins, nous tombons toutes dans les mêmes fautes, n'est-ce pas?

LES PENSIONNAIRES. Oui.

LOUISE. Eh! bien alors, qui est-ce qui nous empêche de tirer au sort à qui fera la liste?.. comme cela du moins, il n'y en aura qu'une seule qui s'ennuiera... Les autres joueront, et quand la partie sera finie, on n'aura plus qu'à copier et à mettre les chiffres... qu'en pensez-vous!..

AGATHE. Moi, je veux bien.

LES AUTRES PENSIONNAIRES. Moi aussi.

LOUISE. Et toi, Marie qu'en dis-tu?

MARIE. De quoi s'agit-il?.. je n'ai pas entendu...

LOUISE. Tu as donc toujours continué à écrire... tu dois avoir fini alors... ça se trouve bien... mesdemoiselles, nous n'avons plus besoin de tirer au sort... c'est sa liste qui servira...

Marie plie vivement son papier.

AGATHE. Oh! non, elle est trop sage... il n'y aurait pas assez de péchés pour nous.

LOUISE. Peut-être... que sait-on?.. parce qu'elle ne fait pas autant d'espiègleries que nous?.. qu'elle ne rit presque plus, et qu'elle a toujours l'air de réfléchir... qu'est-ce que ça prouve?..

MARIE, *se levant.* Louise!..

LOUISE. Ne te fâche pas... ce n'est pas pour médire de toi... tu es ma cousine, et j'ai beau te taquiner souvent.... ça ne m'empêche pas de t'aimer beaucoup... au contraire... Mais c'est égal, si tu ne veux pas passer pour une hypocrite, une rapporteuse, tu viendras avec nous.

MARIE. Et si madame la supérieure...

LOUISE. Qu'est-ce que tu veux qu'elle fasse?.. Quant tout le monde est coupable il n'y a plus moyen de punir personne... allons viens.

Elle lui prend la main pour l'entraîner; Marie veut serrer son examen de conscience dans sa poche; le papier glisse et tombe à terre. Pendant le chœur suivant, les autres pensionnaires vont remettre leur papier sur les tables; elles le font si étourdiment, que la moitié tombe à terre.

CHŒUR.

Air de Daniel le sonneur. (*Madame Duchambge.*)

Sans bruit, plions bagage,
La voyez-vous dormir?
Laissons là notre ouvrage,
Et courons au plaisir!

LOUISE.

Attendez... qu'avant je m'assure
Qu'elle dort encor tout de bon.

Elle s'approche d'Opportune et passe à plusieurs reprises la main devant ses yeux. A ce moment, Opportune ronfle à grand bruit.

Elle n'aurait pas, je le jure,
Un meilleur sommeil... au sermon.

REPRISE DU CHŒUR.

Sans bruit, plions bagage,
On ne peut mieux dormir; etc.

Louise entraîne Marie; elles s'éloignent toutes sur la pointe des pieds, en se recommandant mutuellement le silence, et sortent par la porte de droite.

SCENE III.
BRISSAC, SÉDAGES, LA SUPÉRIEURE, OPPORTUNE.

LA SUPÉRIEURE, *entrant presque à reculons.* Oui, mes pères, vous allez les trouver dans un saint recueillement, et occupées toutes de leur examen de conscience...

BRISSAC, *en entrant.* Eh! bien, mais il n'y a personne...

LA SUPÉRIEURE, *se retournant.* Comment personne!.. est-il possible?.. et la sœur Opportune!.. (*l'apercevant dans son fauteuil.*) Dieu me pardonne, je crois qu'elle dort!

BRISSAC. Oui, ça me fait cet effet-là... (*Bas à Sédages.*) Ne ris donc pas, toi.

LA SUPÉRIEURE, *secouant le bras d'Opportune.* Sœur Opportune! sœur Opportune!..

OPPORTUNE. Hein?.. qui me tire ainsi?.. est-ce le diable?.. (*ouvrant les yeux.*) miséricorde! la Supérieure!.. Pardon, sainte mère, je m'étais oubliée un moment...

LA SUPÉRIEURE. Que faites-vous donc de vos nuits, ma sœur, pour être ainsi endormie dès le matin?

BRISSAC, *bas.* Pauvre fille!

OPPORTUNE. C'est que... je crois que j'avais mal à la tête...

LA SUPÉRIEURE. Il suffit... nous en recauserons... mais où sont donc ces demoiselles?

OPPORTUNE. Ces demoiselles?... mais à leur places, j'imagine... Bonté du ciel, elles ont pris leur volée!.. ce n'est pas ma faute, sainte mère, j'étais à mon poste....

LA SUPÉRIEURE. C'est bon, c'est bon... venez les chercher avec moi... il faut qu'une punition exemplaire!..

SÉDAGES. Oh! non, je vous en prie, pas de sévérité... n'est-ce pas, mon frère?

BRISSAC. Sans doute... sans doute.... (*bas.*) Prends donc garde, tu ne parles pas assez du nez.

LA SUPÉRIEURE. Vous dites mon père?..

BRISSAC. Je dis qu'il faut que jeunesse se passe.

LA SUPÉRIEURE. Mais vous allez croire

peut-être que notre règle n'est pas assez rigoureuse, que nous négligeons...

BRISSAC. Pourquoi donc ça?.. Un capitaine a beau être sévère sur la discipline, il ne peut pas toujours répondre de ses soldats.

LA SUPÉRIEURE. Comment?

SÉDAGES. Ne faites pas attention... c'est une figure.

BRISSAC. Oui, j'aime beaucoup le style figuré.

LA SUPÉRIEURE. Preuve que vous vous nourrissez de la lecture des livres saints.

BRISSAC. Moi... c'est vrai depuis hier au soir, tenez je ne me suis pas nourri d'autre chose... (*bas.*) aussi j'ai une faim!.. (*haut.*) mais plus de retard, ma sœur, allez chercher vos petits anges... et croyez-moi...

Air : *Ermite, bon ermite.*

Pour les trouver plus vite,
Dans la sainte maison,
Annoncez tout de suite
Qu'elles ont leur pardon.

SÉDAGES, *à part.*

Par tes regards, Marie,
Viens embraser mon cœur!

LA SUPÉRIEURE, *à Sédages.*
Que dites-vous?

BRISSAC.
Il prie...

LA SUPÉRIEURE.
Déjà !.. quelle ferveur !

ENSEMBLE.

Pour les trouver plus vite,
Dans la sainte maison,
Annoncez
Annonçons   Tout de suite,
Oui, tout de suite,
Qu'elles ont leur pardon !

La Supérieure et Ursule, sortent par la porte de droite.

SCÈNE IV.
SÉDAGES ET BRISSAC.

BRISSAC. Eh! bien, j'espère que ça marche, hein?.. te repens-tu maintenant d'avoir suivi mes conseils?

SÉDAGES. Non vraiment... Notre premier succès me rend mon courage et toute ma gaîté.

BRISSAC. A la bonne heure donc!.. je te retrouve!.. Regarde-moi un peu... as-tu jamais vu un plus beau moine?

SÉDAGES. Pour le physique, oui, c'est parfait... mais tâche de prendre aussi l'esprit de ton rôle.

BRISSAC. Oh! l'esprit.... c'est facile.... surtout dans un rôle qui n'en demande pas.... Il n'y a qu'une chose qui m'inquiète...

SÉDAGES. Quoi donc?

BRISSAC. C'est que cette brave et digne supérieure n'a pas encore soufflé le plus petit mot du déjeuner... cependant, d'après ce que disait Ursule, je m'attendais que tout de suite en arrivant...

SÉDAGES. Il est à peine dix heures...

BRISSAC. C'est possible... mais l'air est très vif par ici, et j'ai déjà des tiraillemens fort désagréables!

SÉDAGES. Patience, mon ami, patience... mais que vois-je là?

Il ramasse quelques-uns des feuillets écrits tombés à terre.

BRISSAC, *en faisant autant de son côté.* Dieu me pardonne... ce sont les examens de conscience de nos pensionnaires... (*Il lit.*) J'ai menti... j'ai menti... j'ai menti...

SÉDAGES, *lisant également.* J'ai menti... j'ai menti... C'est singulier... toutes commencent de même.

BRISSAC. Voyez vous ces petites filles... ce sont déjà des femmes... As-tu au moins un chiffre, toi?

SÉDAGES. Non...

BRISSAC. C'est clair... c'est l'addition qui les a embarrassées.

SÉDAGES, *ramassant le papier de Marie.* Encore un... eh! mais voici quelque chose de plus complet... ce me semble... (*Il le parcourt.*) Qu'ai-je lu? ces détails... ces circonstances... plus de doute, ce ne peut-être que Marie! Quel bonheur!

BRISSAC. Qu'as-tu donc?

SÉDAGES. Elle m'aime, mon ami, elle m'aime ! j'en suis sûr à présent!

Air *de Céline.*

Oui, mon ami, j'ai su lui plaire,
Et j'en tiens là le doux aveu !
Sans doute il doit être sincère,
Puisqu'elle a cru le faire à Dieu !

BRISSAC.

Pauvre enfant, que va-t-elle dire?
Comme le hasard la trahit !
Pour Dieu seul elle croit écrire,
Et c'est le diable qui la lit !

Voyons...

SÉDAGES. Du tout, du tout... c'est sacré cela... c'est inviolable !.. D'ailleurs, tu n'es qu'un profane... tu ne sentirais pas tout ce qu'il y a de délicieux, d'enivrant dans cette peinture si naïve, si vraie des premières émotions d'un cœur d'ange !.. pauvre Marie! elle s'accuse !.. une larme est tombée là... ah!

Il baise le papier avec transport.
BRISSAC. Assez! on vient... cache vite.

SCÈNE V.
Les Mêmes, LA SUPÉRIEURE, MARIE, LOUISE, AGATHE, OPPORTUNE, Pensionnaires.

LA SUPÉRIEURE.

Air *du bon Pèlerin.* (Beauplan.)

Venez, suivez-nous
En rang mettez-vous.
Qu'en leur présence,
Votre décence,
Du moins pour un moment,
Fasse honneur au couvent.
Prenez l'air sérieux,
Et saintement, levez, baissez les yeux ! *bis.*

ENSEMBLE.

LES CARMÉLITES, *et* LES PENSIONNAIRES.
Daignez, bons révérends, en priant l'éternel,
Répandre ici tous les bienfaits du ciel !

BRISSAC *et* SÉDAGES.
Ah! puissions-nous, mes sœurs, en priant l'éter-
[nel.
Répandre ici tous les bienfaits du ciel !

LA SUPÉRIEURE. Eh bien, mes pères, qu'en dites-vous?

SÉDAGES. Elles sont charmantes !

BRISSAC. Joli petit régiment, ma foi, et qui entend très-bien la manœuvre.

LOUISE, *à Agathe.* Qu'est-ce qu'il dit donc, le père capucin?

SÉDAGES, *à la supérieure qui paraît surprise.* Encore une figure, ma sœur... manœuvre est ici pour exercices pieux.

LA SUPÉRIEURE. Ah! oui... c'est juste.

SÉDAGES, *à part.* Je ne vois pas Marie... (*Haut à la supérieure.*) Toutes vos pensionnaires sont-elles bien ici?

LA SUPÉRIEURE. Il n'en manque pas une seule.

BRISSAC. Vous avez fait l'appel?

SÉDAGES, *bas.* Tais-toi donc. (*Haut.*) Une de ces demoiselles n'est-elle pas destinée à prendre le voile?

LA SUPÉRIEURE. Il y en a deux, mon père. Marie de Pont-Courlay, et Louise de Lacan, sa cousine.

LOUISE, *sortant du rang et faisant la révérence.* Louise de Lacan, c'est moi, mon père.

BRISSAC, *à part.* Oh! quel minois fripon !

LA SUPÉRIEURE, *la reconduisant dans le rang.* Qui est-ce qui vous demande? allez donc, mademoiselle.

SÉDAGES, *à la supérieure.* Et pensez-vous qu'elles aient de la vocation?

LOUISE. Oh! pas moi, d'abord!

LA SUPÉRIEURE. Vous tairez-vous?

BRISSAC. Ne la grondez pas... les vœux ne doivent jamais être forcés, vous le savez.

LOUISE, *aux autres.* A la bonne heure... il entend raison au moins le père capucin.

SÉDAGES. Et mademoiselle de Pontcourlay, ne la verrons-nous pas?

LA SUPÉRIEURE. Si fait, mon père... Marie... mademoiselle, Marie... où êtes-vous donc?

MARIE, *qui était restée derrière les autres.* Me voici, madame...

SÉDAGES, *bas à Brissac.* C'est elle! ah! mon ami, regarde-la.

BRISSAC, *de même.* Charmante ! je t'en fais mon compliment.

SÉDAGES, *à Marie.* Approchez, mademoiselle... approchez sans crainte.

Air : *Jeune fille aux yeux noirs.*

Croyez-moi, mon enfant, ici notre présence
Ne doit pas dans votre ame exciter la terreur.
Le Dieu qui nous envoie est un Dieu d'indulgence,
Et notre ministère est tout consolateur !
Calmez-vous, car ma chère,
Souvent, j'en suis témoin,
Quand le cœur désespère,
Le bonheur n'est pas loin !

ENSEMBLE.

SÉDAGES.
Calmez-vous, etc.

MARIE.
Votre bonté m'est chère ;
Mon cœur en a besoin,
Car, hélas ! ô mon père,
Le bonheur est bien loin !

LA SUPÉRIEURE. Maintenant, mes révérends, ne jugerez-vous pas convenable d'adresser quelques questions à ces demoiselles pour vous assurer de l'instruction qu'elles reçoivent ici?

SÉDAGES. Avec grand plaisir, ma sœur.

BRISSAC, *bas à Sédages.* Joli plaisir! et le déjeûner donc? (*Haut.*) Certainement ma sœur; mais plus tard... je crois qu'il y a quelque chose de plus pressé...

LA SUPÉRIEURE. Quoi donc?

SÉDAGES. Oh! je devine... mon frère craint que ces demoiselles n'aient pas encore pris leur repas du matin...

BRISSAC. C'est cela même... et il me semble qu'il est bien l'heure...

LA SUPÉRIEURE. Oh! rassurez-vous, mon père... c'est déjà fait... car je suis d'avis qu'à leur âge on a besoin d'une nourriture matinale.

BRISSAC. Mais à tout âge, ma sœur, à tout âge... ça ne fait jamais de mal.

LA SUPÉRIEURE. Quant à vous, mes révérends, j'avais fait faire un choix dans nos provisions...

BRISSAC. Ah! vous êtes bien bonne!

LA SUPÉRIEURE. Mais la sœur Opportune m'ayant fait observer que c'est aujourd'hui vigile et jeûne...

BRISSAC. Hein?

LA SUPÉRIEURE. J'ai pensé que ce serait vous offenser que de vous offrir la moindre des choses avant ce soir...

BRISSAC, à Sédages. En voici bien d'une autre!

SÉDAGES, bas. Calme-toi!

BRISSAC, de même. Merci! jeûne, si ça t'amuse... moi, je veux déjeûner. (Haut.) Il est vrai, ma sœur, qu'ordinairement nous observons une abstinence très rigoureuse... mais il y a des exceptions... vous savez... ce sont les exceptions qui confirment la règle... et par exemple, quand nous avons à prêcher... il faut bien nous faire violence.

LA SUPÉRIEURE. Cela doit vous coûter beaucoup!

BRISSAC. Oh! oui, c'est une bien grande mortification! mais comme notre premier devoir est de nous conserver pour l'œuvre qui nous est confiée, quand je prêche, ma sœur, je me résigne et je ne jeûne pas.

LA SUPÉRIEURE. Vous comptez donc prêcher dès aujourd'hui...

BRISSAC. Certainement, oui, je prêcherai.

LA SUPÉRIEURE. Quel bonheur!

BRISSAC, à Sédages qui le tire par la manche. Puisqu'il n'y a pas moyen de déjeûner sans ça... (Haut.) Si nous passions au réfectoire...

LA SUPÉRIEURE. Quand vous voudrez, mes pères... permettrez-vous que ces demoiselles vous accompagnent?

BRISSAC. Pourquoi pas? si ça les amuse.

SÉDAGES, bas à Marie. Il faut que je vous parle sans témoins... restez ici je vous y rejoindrai.

LOUISE, à part. Qu'est-ce qu'il a donc à lui dire tout bas?

LA SUPÉRIEURE ET LES PENSIONNAIRES.
Air de Doche.
Mes pères, au réfectoire,
A l'instant suivez nos pas.
Pour vous enfans
Pour nous vraiment } quelle gloire!
D'assister à leur repas!

SÉDAGES, bas à Brissac.
Montre une faim raisonnable,
Et ne vas pas oublier
Que tu ne te mets à table
Que pour te mortifier.

ENSEMBLE.

SÉDAGES et BRISSAC.
Oui ma sœur, au réfectoire,
Nous allons suivre vos pas.
Pour Dieu seul, veuillez le croire,
Nous acceptons ce repas!

LA SUPÉRIEURE et LES PENSIONNAIRES.
Mes pères, au réfectoire,
Daignez donc suivre nos pas.
Pour vos enfans
Pour nous vraiment } quelle gloire!
D'assister à leur repas!

Tout le monde sort. Marie s'arrête à la porte et redescend en scène.

SCÈNE VI.
MARIE, seule.

Que je l'attende ici... que peut-il avoir à me dire? saurait-il mon secret?.. mais pourquoi donc sa voix m'a-t-elle ainsi troublée? avant ce jour, je ne l'avais jamais entendue, j'en suis bien sûre... et pourtant, j'étais comme saisie, en l'écoutant... est-ce donc celle que je rêvais?

Air : *Pauvre soldat, sur cette rive.* (Labarre.)
Oui, c'était bien cette voix tendre;
Que toujours mon cœur lui prêta.
En songe encor j'ai cru l'entendre,
Et doux émoi tout à coup m'agita!
Lui, dans ces lieux, quelle folle pensée!
Bientôt le ciel, pour punir mon erreur,
Au même instant, hélas! pauvre insensée,
Va me ravir mon rêve et le bonheur.

SCÈNE VII.
LOUISE, MARIE.

LOUISE, à part dans le fond. Ah! la voilà. Il faut absolument que je sache pourquoi elle est restée ici... elle soupire... oh! bien sûr, il y a quelque chose! (Haut.) Eh bien, Marie, qu'as-tu donc? pourquoi n'es-tu pas venue avec les autres au réfectoire?

MARIE. Mon Dieu! pour rien, c'est que... d'abord, tu sais que je ne suis pas curieuse.

LOUISE. Ni moi non plus, vraiment... et puis au fait, qu'est-ce qu'il y a de si intéressant à voir déjeûner deux moines; ils mangent comme tout le monde... peut-être un peu plus, voilà tout... Est-ce que tu attendais quelqu'un ici?

MARIE. Attendre... et qui donc?

LOUISE. Je ne sais pas, moi... je disais ça... comme j'aurais dit autre chose... c'est qu'il m'avait semblé que le révérend Franciscain t'avait parlé à l'oreille.

MARIE. Quelle idée! et qu'aurait-il pu me dire?

LOUISE. C'est bien ce que je demannais... après ça cependant, il n'y aurait rien d'extraordinaire... comme c'est lui qui doit nous confesser, il aurait pu désirer commencer par toi... ta réputation de sagesse !

MARIE. Encore !

LOUISE. Eh bien, non, ne te fâche pas, laissons là ta sagesse, puisque tu ne veux plus qu'on en parle... ainsi, je m'étais trompée, ce n'était pas lui que tu attendais?

MARIE. Mais je t'ai déjà dit que je n'attendais personne.

LOUISE. Ah ! c'est vrai... alors tu ne seras pas contrariée que je te tienne compagnie.

MARIE. Non certainement... (*A part.*) Comment faire?

LOUISE, *à part.* Elle a beau dire, ça ne l'enchante pas du tout; mais c'est égal, je ne m'en irai pas.

BEAUDAU, *dans la coulisse.* Non, non... ne dérangez pas la supérieure... c'est inutile...

LOUISE. Tiens ! c'est la voix de M. Beaudau.

MARIE. M. Beaudau ! est-il possible?

SCÈNE VIII.
LOUISE, BEAUDAU, MARIE.

LOUISE, *allant au-devant de Beaudau.* Bonjour, M. Beaudau.

BEAUDAU, *lui tapant sur la joue.* Bonjour, petit lutin, bonjour... ah ! Marie est là... Viens donc mon enfant...

MARIE. Mon bon père !

BEAUDAU, *l'embrassant sur le front.* Tu dis bien... oui, donne-moi ce nom, ma fille... je le mérite par la tendresse que je te porte...

LOUISE. C'est donc pour elle que vous venez?

BEAUDAU. Puisque tu veux le savoir... oui, c'est pour elle... j'ai à lui parler... ainsi ne te gêne pas, si tu as quelque chose à faire...

LOUISE. Moi, rien du tout.

BEAUDAU. Eh bien, c'est égal... laissez-nous toujours...

LOUISE. Ah ! c'est donc un secret?

BEAUDAU. Apparamment... petite curieuse,

LOUISE. Moi, curieuse, par exemple... Ah ! M. Beaudau, c'est mal à vous de dire ça.

Air nouveau de M. Thénard.

Curieuse, ah ! vraiment,
Cette injure est cruelle ;
Je sais bien qu'on m'appelle
Le furet du couvent,
Mais c'est mal me connaître,
Car, souvent, sans paraître,
Si j'entends, si je vois,
C'est toujours malgré moi.
J'en conviens, la première,
Je sais tout ce qu'on fait ;
Même avant la tourrière,
Je découvre un secret.
J'ai l'oreille si fine,
Que de loin ou de près,
Sans me mettre aux aguets,
J'apprends tous les caquets.
Et ce qui me taquine,
C'est que dans bien des cas,
Lorsque je n'entends pas,
A coup sûr, je devine.
Et voilà cependant
Ce qui fait qu'on m'accuse ;
Vous voyez maintenant
A quel point l'on s'abuse.

Curieuse, ah ! vraiment,
Cette injure est cruelle ;
C'est à tort qu'on m'appelle
Le furet du couvent.
Oui c'est mal me connaître,
Car souvent, etc.

Qui donc a pu m'apprendre,
Que sœur Félicité,
A le cœur le plus tendre
De la communauté?

BEAUDAU. Hein ?

LOUISE.

Que la sœur Opportune,
Qui dort et ne fait rien,
Autrefois vive et brune,
Ne dormait pas si bien.

BEAUDAU. Assez.

LOUISE.

Que sans être coquette
Dans son humble toilette,
Sœur Alice en cachette,
Sourit à son miroir ;
Et que la sœur Annette,
Seule, dans sa chambrette,
D'une vieille anisette
Va goûter chaque soir.

BEAUDAU. Te tairas-tu, petit serpent.

LOUISE. Non, mais c'est que c'est odieux d'être calomniée comme je le suis !

Curieuse, ah ! vraiment,
L'injure est trop cruelle ;
Et c'est moi qu'on appelle
Le furet du couvent.
C'est bien mal me connaître,
Car enfin sans paraître,
Si j'entends, si je vois,
C'est toujours malgré moi.

BEAUDAU. Allons, allons, voilà qui est convenu, tu n'es pas curieuse.

LOUISE. Certainement non, je ne le suis pas.

BEAUDAU. C'est évident !.. je te demande bien pardon de m'être trompé d'abord... et je te prie en conséquence...

LOUISE. Ça suffit... on s'en va... (*A*

part.) Allez, faites des cachotteries, des mystères, je finirai toujours bien par savoir... (*Haut.*) Adieu, M. Beaudau.

BEAUDAU. Bonjour, bonjour.

Elle sort par la porte à droite, Beaudau s'assure qu'elle s'est éloignée.

SCÈNE IX.
MARIE, BEAUDAU.

BEAUDAU, *revenant à Marie*. Ah! enfin, nous en voilà débarrassés.

MARIE. Comme vous semblez ému.

BEAUDAU. Oui, oui... et j'ai des raisons pour l'être... tu ne devines guère ce qui m'amène près de toi... Il faut, mon enfant, que tu m'aides à prévenir un grand malheur.

MARIE. Vous m'effrayez; expliquez-vous...

BEAUDAU. Voilà!... c'est très délicat à t'expliquer, parce qu'une jeune fille... surtout au couvent... et puis dans ma bouche... Mais enfin la bonne intention excusera...

MARIE. De quoi s'agit-il donc?

BEAUDAU. D'un jeune homme...

MARIE. Un jeune homme?

BEAUDAU. Oui, mon ancien élève, Ernest de Sédages.

MARIE. Dont vous nous parliez si souvent.

BEAUDAU. Que veux-tu, ceux que j'aime, c'est plus fort que moi, je me laisse toujours aller à en dire du bien... et voilà le mal.

MARIE. Comment?

BEAUDAU. Sans doute... Il paraît que dans mes entretiens avec lui, j'ai eu aussi l'imprudence de lui parler souvent de toi...

MARIE. Eh bien?

BEAUDAU. Eh bien, ce pauvre garçon... ça a produit un effet... depuis six mois, il t'aime, il t'adore!

MARIE, *déguisant sa joie*. Vous croyez?

BEAUDAU. J'en suis sûr, il me l'a dit... et dans son délire, pour arriver jusqu'à toi, ne m'a-t-il pas menacé de se porter aujourd'hui même à des extravagances, que le cardinal, ton terrible parent, lui ferait payer de sa vie!

MARIE. Oh! ciel! ah! M. Beaudau, et vous l'avez quitté, et vous n'êtes pas là pour le retenir... ah! courez veiller sur lui, dites-lui bien que s'il m'aime réellement, il ne m'expose pas à la douleur d'avoir causé sa perte, que je ne m'en consolerais pas, que j'en mourrais.

BEAUDAU. Comment, tu en mourrais... toi aussi... ce trouble, cette émotion...

MARIE, *avec un soupir*. Pourquoi me faisiez-vous si souvent son éloge?

BEAUDAU. C'est clair, c'est encore moi qui suis cause... Ah ça! mais, je suis donc destiné à porter le ravage dans tous les cœurs... décidément, j'ai la conversation malheureuse, je n'oserai plus rien dire... Ma pauvre enfant!

MARIE. Oh! je ne vous en veux pas... d'après ce que mon père m'a annoncé hier soir, je sais bien que cet amour-là ne peut faire que mon malheur... mais est-ce votre faute? pouviez-vous penser que ma famille serait si cruelle pour moi?

BEAUDAU. Ah! oui, elle est bien cruelle; et ton père si entêté dans sa dévotion au cardinal! voilà bien ce qui me fait frémir pour mon Ernest... une tête exaltée comme la sienne... il n'y aurait eu qu'un moyen, un seul, de l'empêcher de courir à sa perte.

MARIE. Et lequel mon père?

BEAUDAU. Je m'étais dit: C'est parce qu'il garde l'espoir de lui plaire, qu'il veut risquer des tentatives funestes... si elle lui ôtait cet espoir, si elle lui écrivait qu'elle a su par moi ses sentimens, mais qu'elle ne peut les partager, qu'elle ne les partagera jamais.

MARIE. Vous pensez qu'en écrivant cela, il renoncerait...

BEAUDAU. Sans doute, mais tu ne peux plus maintenant, ce serait un mensonge...

MARIE. Si c'est le seul moyen de le sauver...

BEAUDAU. Tu crois qu'à cause du motif il n'y aurait pas de péché? c'est bien possible; au surplus, je le prendrais pour mon compte... Voyons, tu te sens donc la force d'écrire tout le contraire de ce que tu penses?

MARIE. Puisqu'il le faut, j'essayerai.

Elle va se mettre à une table et écrit.

BEAUDAU. Tu es un ange... (*Pendant qu'elle écrit.*) Et ajoute bien que c'est par goût que tu prends le voile, que le monde que le mariage te sont odieux, que quand même tu serais libre de l'épouser, tu n'aurais pas pu faire ton bonheur.

MARIE, *soupirant*. Ah! je crois que si...

BEAUDAU. Moi aussi, mais c'est égal... quand on fait tant que de sortir de la vérité, un peu plus, un peu moins... (*A part.*) Qu'est-ce que je dis donc?... c'est affreux, cette maxime-là... malheureux Ernest à quoi me réduis-tu? moi, un casuiste!

MARIE, *lui remettant la lettre*. Tenez, mon père.

BEAUDAU. Eh bien... ces larmes... tu

trembles... tu te soutiens à peine... Marie...

MARIE. Ah! qu'importent mes chagrins pourvu qu'il vive, lui... partez, partez, et puissiez-vous arriver à temps!

BEAUDAU. Te quitter, te laisser seule dans cet état! encore, s'il y avait là quelqu'un pour te consoler, veiller sur toi...

SCENE X.
SÉDAGES, BEAUDAU, MARIE.

SÉDAGES, *dans le fond, à lui-même*. Enfin, j'ai pu m'échapper... Que vois-je! M. Beaudau... que devenir?

BEAUDAU. Un révérend... ah! c'est le ciel qui nous l'envoie... Voilà le consolateur qu'il te faut, tu déposeras dans son sein les plus secrètes pensées de ton cœur, et il te bénira comme moi, j'en suis sûr... attends, je vais le préparer... Un mot, s'il vous plaît, mon père... voilà une chère enfant bien tremblante, bien désolée, je vais vous laisser seul avec elle.

SÉDAGES, *à part*. Qu'il se dépêche donc...

BEAUDAU, *prenant Sédages à l'écart*. Écoutez-la avec bonté, et quelque secret qu'elle vous révèle, je vous en prie, de l'indulgence, des paroles bien affectueuses, bien tendres, vous me le promettez, n'est-ce pas? ça peut se demander entre confrères?

SÉDAGES, *s'oubliant*. Oui, oui, soyez tranquille.

BEAUDAU. Hein? cette voix! oh! non, c'est impossible, ce serait trop audacieux. Mon père... monsieur... Ernest... regardez-moi... (*Il tourne autour de lui et le regarde sous le nez.*) C'est lui!

SÉDAGES, *bas*. Chut!

BEAUDAU. Comment, chut! du tout, je vais... (*A part.*) Quoi faire? un éclat, un scandale, elle peut le reconnaître, s'évanouir, il devinera qu'elle l'aime... et alors, complication de difficultés... (*Allant vite à Marie.*) Retire-toi, mon enfant.

MARIE. Comment, vous ne voulez donc plus que je me confie au révérend?

BEAUDAU, *entre ses dents*. A lui, non, c'est inutile à présent... il faut avant tout que nous ayions ensemble une explication plus complète.

MARIE. Et votre élève, M. Ernest, vous oubliez son danger?

BEAUDAU. L'oublier, au contraire, je le vois plus grand que jamais, et c'est pour ça, justement, qu'il faut que je parle bien vite à ce mauv... à ce digne révérend! Va, va, laisse-nous...

SÉDAGES, *voulant la suivre*. Elle s'éloigne... mademoiselle...

BEAUDAU, *le ramenant*. Si tu dis un mot, j'éclate...

Beaudau reconduit Marie jusqu'à la porte, et revient se placer vis-à-vis de Sédages.

SCENE XI.
SÉDAGES, BEAUDAU.

SÉDAGES. Mon Dieu! quel regard terrible!..

BEAUDAU. Ernest, M. Ernest...

SÉDAGES. Vous aller me gronder, n'est-ce pas?

BEAUDAU. J'aurais tort, peut-être... vous, en moine, ici, comment avez-vous pu seulement concevoir l'idée d'une énormité pareille?

SÉDAGES. Ah! je n'ai pensé qu'à revoir Marie, à pénétrer ses sentimens, à apprendre enfin d'elle-même...

BEAUDAU. Et je vous arrête là... le temps est trop précieux pour le perdre en reproches, en remontrances, ce sera pour plus tard... ce qui presse maintenant, c'est de couper court sur-le-champ à vos témérités, en vous déclarant qu'elles sont aussi inutiles que dangereuses, que Marie ne vous aime pas, ne vous aimera jamais.

SÉDAGES. Oh! quant à cela vous me permettrez d'en douter.

BEAUDAU. Comment d'en douter, joindre la présomption à l'audace... je vous répète, monsieur, que c'est de son plein gré, par vocation, qu'elle va se faire religieuse.

SÉDAGES. Par vocation? Pourriez-vous en jurer?

BEAUDAU. En jurer, d'abord, monsieur, je ne jure jamais, on ne doit pas jurer, c'est défendu par les canons, et ensuite, ce n'est pas la peine, puisque j'ai un autre moyen de vous confondre... tenez, monsieur, lisez.

Il lui donne la lettre de Marie.

SÉDAGES. Que vois-je? ah! fi, fi, vous, mon maître!

BEAUDAU. Comment fi?

SÉDAGES. Je n'aurais jamais cru cela de vous : recourir à la ruse, à l'artifice...

BEAUDAU. Qu'est-ce à dire, l'artifice... d'abord, monsieur, si vous vous figurez que c'est une lettre supposée, une fausse écriture, je vous jure que...

SÉDAGES. Vous oubliez que vous venez de dire qu'il ne faut jamais jurer; d'ailleurs, c'est inutile, je ne conteste pas l'écriture... oh! c'est bien celle de Marie, je la reconnais.

BEAUDAU. Vous la reconnaissez... en voici bien d'une autre !

SÉDAGES, *lui montrant l'examen de conscience.* Tenez, mon bon père, lisez à votre tour... lettre pour lettre.

BEAUDAU, *après avoir lu.* Je suis anéanti... tout tourne contre moi... et vous, indigne, voilà de quoi vous êtes capable, dérober par supercherie le secret de la confession !..

SÉDAGES. Le dérober, oh! non, quant à ça, le hasard seul...

BEAUDAU. Le hasard... ah ! si j'avais pu prévoir il y a six mois, ce n'aurait pas été sur mes éloges que la pauvre enfant serait devenue amoureuse de vous.

SÉDAGES. Vos éloges! c'est donc à vous que je dois son amour... ah! mon bon maître, ma reconnaissance...

Il veut l'embrasser.

BEAUDAU, *le repoussant.* Laissez-moi, laissez-moi, je vous renie pour mon élève... Ah ça ! j'espère au moins, que vous allez bien vite quitter cette sainte maison ?

SÉDAGES. Oui, je vous le promets, aussitôt que j'aurai pu lui parler sans témoins.

BEAUDAU. Comment, comment, lui parler !

SÉDAGES. Oh ! mon parti est pris : je ne m'en irai pas avant.

BEAUDAU. Ah ! vous ne vous en irez pas... eh bien, alors, monsieur, savez-vous quel est mon devoir, mon devoir rigoureux, à moi, pasteur ? c'est d'aller sur-le-champ donner l'alarme à la supérieure, à l'autorité, à tout le monde.

SÉDAGES. Vous en êtes le maître.

BEAUDAU. Je suis le maître... oui... et après, quand le cardinal viendra à savoir...

SÉDAGES. Ma tête tombera peut-être... Eh ! bien, vous aurez fait votre devoir.

BEAUDAU. Veux-tu bien te taire, c'est affreux ! abuser ainsi de ma tendresse, me garrotter dans toutes ses abominations, par la crainte d'en faire autant de périls pour lui!.. comment nous tirer de là, à présent? j'en ferai une maladie, c'est sûr.

SÉDAGES. Eh ! non, tout s'arrangera pour le mieux, soyez tranquille.

SCÈNE XII.
BRISSAC, SÉDAGES, BEAUDAU.

BRISSAC, *un peu ivre.* Ah ça ! je te cherche partout, mille tonnerres...

BEAUDAU. Qu'entends-je ?

BRISSAC. Le bonhomme, ah ! diable... (*Lui donnant sa bénédiction.*) Mon frère...

SÉDAGES. C'est inutile, il sait tout.

BRISSAC, *baissant son capuchon.* Oui ? Eh bien, tant mieux, ça me gênera moins.

BEAUDAU. M. Brissac, j'aurais dû m'en douter... Et c'est probablement vous, monsieur, qui lui avez conseillé ?

BRISSAC. Certainement, c'est moi, j'espère que le tour est bon, hein ? ce n'est pas vous qui auriez trouvé ça ?

BEAUDAU. Par exemple !

BRISSAC. Ah ça ! vous voilà des nôtres, papa Beaudau.

BEAUDAU. Des vôtres...

BRISSAC. Sans doute, à moins de nous dénoncer... complice par force majeure.

BEAUDAU. C'est un vrai guet-à-pens.

BRISSAC. Voulez-vous un croquet ?

BEAUDAU. Laissez-moi donc tranquille...

BRISSAC. Vous avez tort... à la fleur d'orange... c'est exquis.

Air : *Cette petite est gentille et piquante.*

A vous traiter, moi, je le certifie,
Les bonnes sœurs s'entendent bien.
Propos pieux, fine patisserie,
A table elles n'épargnent rien.
J'ai donc jugé d'un seul coup les mérites
De leurs discours et de leurs mets.
Décidément, vivent les Carmélites,
Pour la morale... et les croquets !

BEAUDAU, *tirant Sédages à l'écart.* Mais dis-moi donc, il a l'air un peu...

SÉDAGES. J'en ai peur.

BEAUDAU. Il va tout perdre.

SÉDAGES, *allant à Brissac.* Laissez-moi faire... Brissac.

BRISSAC. Hein ?

SÉDAGES. Tu es mon ami, n'est-ce pas ?

BRISSAC. A la vie, à la mort ! Qui est-ce qui dit que je ne suis pas ton ami, ici?.. (*A Beaudau.*) Est-ce vous, qui dites ça ?

BEAUDAU. Mais non, mais non ! (*Bas à Sédages.*) On dirait que ça augmente à chaque instant.

SÉDAGES. Ecoute, Brissac ; donne-moi une nouvelle preuve de ton attachement.

BRISSAC. Tout ce que tu voudras, puisque je t'ai dit : A la vie, à la mort !

SÉDAGES. Eh bien, viens te reposer quelques instants dans la chambre qu'on a préparée pour nous.

BRISSAC. Me reposer, oh ! non, tout ce que tu voudras, mais pas ça ; et le sermon, donc...

BEAUDAU. Comment, le sermon ?

BRISSAC. Sans doute, toutes les bonnes sœurs Carmélites, et nos jolies petites pensionnaires sont allées m'attendre à la chapelle, je ne peux pas leur manquer de parole... c'est une dette d'honneur, ça; j'ai déjeûné, je dois le sermon.

SÉDAGES. Sois tranquille, nous dirons que tu es malade.

BRISSAC. Moi, malade, du tout, j'ai promis de prêcher, et je prêcherai!

BEAUDAU. Bonté divine.

SÉDAGES. Mais malheureux, dans l'état où tu es.

BRISSAC. Quel état? ah! oui, il y a peut-être quelque chose.

BEAUDAU. Il appelle ça quelque chose...

BRISSAC, *allant à Beaudau*. Je vais vous dire... c'est que, comme j'avais fini par rester seul avec les vieilles, ça ne m'amusait pas, voyez-vous, alors, je leur ai signifié que j'avais besoin de me recueillir... elles ont compris ça tout de suite, les bonnes vieilles, et elles m'ont laissé en tête-à-tête avec un bocal de prunes à l'eau-de-vie... ce qui fait que tout en me recueillant... vous comprenez...

BEAUDAU. Que trop.

BRISSAC. Mais, bah! c'est égal; je n'en prêcherai qu'avec plus de feu... Venez-vous m'entendre, confrère?

BEAUDAU. Retiens-le donc.

SÉDAGES, *l'arrêtant*. Brissac, mon ami, quelqu'un... pas un mot!

SCÈNE XIII.
Les Mêmes, LA TOURRIÈRE.

LA TOURRIÈRE. M. Beaudau, il y a en bas une petite servante qui demande à vous parler.

BEAUDAU. Une servante?

LA TOURRIÈRE. Elle dit se nommer Ursule.

SÉDAGES et BRISSAC, *à part*. Ursule!

BEAUDAU. Ah! Ursule de chez Claude Pichard... Faites-la monter.

La Tourrière sort.

SCÈNE XIV.
Les Mêmes, hors LA TOURRIÈRE.

SÉDAGES. Et si elle nous reconnaît.

BEAUDAU. C'est vrai, je n'y pensais pas, je suis si troublé! mais en baissant un peu ton capuchon, et si l'autre vaurien peut se taire...

BRISSAC, *à lui-même et comme ruminant*. Ursule ici; qu'est-ce qu'elle vient chercher ici, Ursule? est-ce qu'elle voudrait se faire Carmélite?

SÉDAGES. Tais-toi, par grâce...

BRISSAC. Ah! mais un instant, je ne veux pas, moi! C'est singulier... on dirait que mes jambes...

SÉDAGES. Quel bonheur! (*Le conduisant au grand fauteuil.*) Viens, mets-toi là.

BEAUDAU, *lui rabattant son capuchon sur les yeux*. Et ne bougez pas, surtout... Il avait raison, ce mauvais sujet-là, c'est que me voilà tout-à-fait leur complice! Hum, hum...

SCÈNE XV.
Les Mêmes, URSULE.

BEAUDAU, *allant au-devant d'Ursule*. Eh bien, petite, qu'est-ce donc, que me voulais-tu?

URSULE, *faisant la révérence*. M. Beaudau c'est maître Pichard qui m'envoye savoir si vous n'avez pas vu votre élève, le capitaine Sédages?

BEAUDAU. Sédages, Ernest... non, non, je ne l'ai pas vu... (*A Sédages qui se détourne pour rire.*) Je te conseille de rire.

URSULE. Nous voilà bien, alors... les deux sous-lieutenans qu'on a mis aux arrêts forcés, font depuis ce matin un vacarme effroyable dans la maison.

BRISSAC, *entre ses dents*. Les sous-lieutenans... ah! oui...

SÉDAGES. Chut...

BEAUDAU. Que signifie?

URSULE. Ce qu'il y a d'extraordinaire, c'est que personne ne les avait vus rentrer... mais comme ils étaient un peu... ils auront peut-être monté par la fenêtre dans la chambre des révérends.

BEAUDAU. Qu'est-ce que tu dis là... c'est donc à la porte des révérends qu'on a mis les sentinelles?

URSULE. Oui, M. Beaudau.

BEAUDAU, *à part*. Je devine tout, quelle horreur, et je puis prêter les mains... (*Haut.*) Ah! c'est trop fort...

SÉDAGES, *bas*. Prenez garde, voulez-vous nous perdre?

BEAUDAU, *de même*. Non, mais... oh ma tête, ma tête!..

URSULE. Je vous disais donc qu'ils sont comme des furieux... Ils crient, ils demandent à manger.

BRISSAC, *à moitié endormi*. C'est juste, il faut que tout le monde vive.

BEAUDAU et SÉDAGES. Chut!

URSULE. Enfin, M. Beaudau, comme ils brisent tout, maître Pichard voulait prier M. de Sédages de faire lever les arrêts parce que si ça dure encore long-temps...

BEAUDAU, *à Sédages*. En effet, écris vite.

SÉDAGES. Tant que nous serons ici, impossible.

BEAUDAU. C'est juste... et Dieu sait comment nous en sortirons. (*Haut.*) Vas, mon enfant, vas, dis à Claude Pichard que je verrai le capitaine, que j'arrangerai cela, que je m'en charge...

URSULE. Ça suffit... (*Faisant des révérences.*) M. Beaudau, mes révérends...
Elle sort.

BEAUDAU. Adieu, adieu... Ouf!

SÉDAGES. Ah! nous en voilà débarrassés! (*On entend la cloche et la ritournelle du final.*) Allons, bon! toute la communauté à présent!

BEAUDAU. C'est pour nous achever.

SÉDAGES. N'ayez pas peur, ne vous troublez pas, je répond de tout!

Il va se placer près de Brissac et fait mine de lui tâter le poul.

SCÈNE XVI.

Les Mêmes, LA SUPÉRIEURE, LA TOURRIÈRE, OPPORTUNE, deux autres Carmélites, MARIE, LOUISE, AGATHE, Les Pensionnaires.

FINAL.

Musique de M. This.

LA SUPÉRIEURE *et* TOUT LE MONDE.
Depuis une heure entière,
Le couvent en prière,
Attend le révérend.

SÉDAGES, *leur faisant signe de la main de ne pas approcher.*
Mes sœurs, faites silence,
Respectez sa souffrance,
Il repose à présent.

LA SUPÉRIEURE.
Qu'a-t-il donc?

SÉDAGES.
                Pour sa vie
Ah! j'ai tremblé vraiment!

LA SUPÉRIEURE.
Grand Dieu, mais quelle maladie?

SÉDAGES.
Une sorte... d'apoplexie...

LA SUPÉRIEURE.
Est-il possible?

SÉDAGES.
            Eh, oui, vraiment!
M. Beaudau l'a vu...

BEAUDAU.
            Qui, moi, certainement...
A part. L'effronté, comme il ment!

ENSEMBLE.

SÉDAGES.
Puis est venu l'état de léthargie,
Où vous le voyez maintenant!

TOUTES.
Eh! quoi! vraiment la léthargie!
Le pauvre homme! c'est effrayant!

BEAUDAU.
A cet excès d'effronterie,
Ah! je ne conçois rien vraiment!

BRISSAC, *parlant confusément pendant la musique.* Mes... très chers frères... je vais prêcher sur l'abstinence... la tem...pérance... mes frères...

Beaudau lui met la main sur la bouche.

TOUTES.
Il a parlé, le danger passe.

SÉDAGES.
Sans doute, il en réchappera,
Mais cependant il faut de la prudence...
Retirez-vous, faites silence,
Bientôt le ciel vous le rendra.

LA SUPÉRIEURE *et* SON MONDE.
Retirons-nous, faisons silence.
Bientôt le ciel nous le rendra.

BEAUDAU, *à part.*
Ah! je frissonne quand je pense
Comment tout cela finira!

A la fin de l'ensemble, Brissac appelle Ursule, Beaudau lui remet aussitôt la main sur la bouche. Les religieuses et les pensionnaires se retirent en marchant sur la pointe des pieds. Beaudau a les mains croisées et lève les yeux au ciel, en poussant un soupir. La toile baisse sur ce tableau.

FIN DU SECOND ACTE.

ACTE TROISIÈME.

Le théâtre représente une salle d'un goût sévère et d'un très vieux style. Au fond, une très grande porte en bois sculpté, à deux battans. A droite de l'acteur, au premier plan, porte de cabinet; au second, même côté, fenêtre donnant sur le jardin; au troisième, porte donnant sur le petit escalier du jardin. A gauche, au troisième plan, porte communiquant à l'intérieur du couvent; au deuxième, grande cheminée. Sur les panneaux de la boiserie, au fond, deux grands tableaux représentant des sujets saints, sur un fond d'or. A gauche, à la hauteur de la fenêtre, un prie-dieu. Près de la cheminée, table en bois noir, à filets d'or; sur la cheminée et sur la table des flambeaux; fauteuils de forme antique.

SCÈNE I.

SÉDAGES, BEAUDAU.

Sédages a quitté sa robe de moine et l'a placée sur le prie-Dieu. Il va ouvrir la porte de gauche.

SÉDAGES. Entrez, entrez... et laissez-moi refermer la porte... que nous soyons à l'abri de toute surprise.

BEAUDAU, *en entrant.* Ouf!

SÉDAGES. Vous avez donc quitté les bonnes sœurs?

BEAUDAU. Oui, de plus en plus étonnées et inquiètes de la léthargie de ton endiablé capitaine...

SÉDAGES. Ces pauvres femmes... je ris encore en songeant à leur saint effroi.

BEAUDAU. C'est ça, rie... il y a de quoi en effet... Ah! tu as ôté ta robe?

SÉDAGES. Ma foi, oui... j'étouffais là-dedans!

BEAUDAU. Où est donc ton digne acolyte!.. est-ce qu'il dort encore?

SÉDAGES. Non... oh! il est tout-à-fait remis... il est descendu prendre l'air au jardin... tenez... vous pouvez le voir de cette fenêtre...

BEAUDAU, *se dirigeant vers la fenêtre*. Il peut se flatter de m'avoir fait assez peur, toujours!.. (*On entend fermer une porte à grand bruit.*) Ah! mon Dieu! qu'est-ce que c'est que ça?

SÉDAGES. Je ne sais...

Brissac entre par la 2e porte de droite, la referme vivement, ôte sa robe et la jette à terre.

SCÈNE II.
SÉDAGES, BRISSAC, BEAUDAU.

BRISSAC, *en entrant*. Ah! c'est trop fort!

BEAUDAU. Quoi?

SÉDAGES. Qu'est-il arrivé?

BRISSAC. Ne m'en parlez pas!.. tenez, monsieur Beaudau, puisque décidément vous êtes des nôtres...

BEAUDAU. Des vôtres! des vôtres!.. c'est bien agréable d'être des vôtres!..

BRISSAC. Nous n'en sommes pas sur l'agrément.... mais puisqu'enfin vous en êtes... écoutez et jugez... Je me croyais bien en sûreté dans ce petit jardin, qu'on nous avait dit réservé pour nous seuls, quand tout-à-coup j'y suis relancé...

BEAUDAU ET SÉDAGES. Par qui?

BRISSAC. Par qui?.. regardez.. et dites-moi s'il n'y a pas là de quoi mettre en fuite le carabinier le plus intrépide?

BEAUDAU, *à la fenêtre*, Quoi donc?

BRISSAC. Comment, vous ne voyez pas ces deux vieilles édentées, les plus laides et les plus bavardes du couvent?

BEAUDAU. Est-ce que vous leur auriez manqué de respect, par hasard?

BRISSAC. Moi?.. j'en suis incapable... je les ai envoyées promener, voilà tout.

SÉDAGES. Tu as eu tort.

BRISSAC. J'aurais bien voulu t'y voir, toi.... depuis un quart d'heure qu'elles étaient à mes trousses... et savez-vous ce qu'elles me demandaient?.. De les confesser sur-le-champ toutes les deux.!

BEAUDAU. Elles s'adressaient bien!

BRISSAC. Si j'avais eu le temps encore!..

BEAUDAU. Quoi! vous auriez osé!..

BRISSAC. Pourquoi pas?.. puisqu'elles en avaient si grande envie!..

BEAUDAU. Mais c'eut été une abomination!

BRISSAC. Vous croyez?.. alors, il est très heureux que j'aye eu autre chose à faire... sans cela, j'aurais probablement, à l'heure qu'il est, une abomination sur la conscience.

BEAUDAU. Quelle horreur!

BRISSAC. Passons...

BEAUDAU. Oui, passons... ça va avec le reste...

BRISSAC. Je vous disais donc, que ces deux vieilles s'acharnaient après moi de la façon la plus... indiscrète... l'une me baisant la manche droite, l'autre la manche gauche... et puis une dispute à qui passerait la première.. C'est moi!. c'est moi!.. je suis votre doyenne... j'ai vu le révérend avant vous... non!.. si!.. mais... mon père!.. mon révérend!.. Chacune tire de son côté... mon chapelet, mon cordon, tout y passe... oh! ma foi, alors je n'y tiens plus, je me sauve dans notre escalier, et je leur ferme la porte au nez en les donnant à tous les diables!

SÉDAGES. Quelle imprudence!

BEAUDAU. Sans doute, fermer la porte, à la bonne heure, mais les donner au diable!

BRISSAC. Oui, ça je conviens que c'était inutile...

BEAUDAU. Hein?

BRISSAC. Ne nous fâchons pas, papa Beaudau... ça embrouille les idées, et nous avons besoin de tout notre sang froid pour aviser au moyen de sortir d'ici.

BEAUDAU. Ah! vous y pensez donc enfin!.. au fait, c'est bien le moins que vous nous tiriez de peine, puisque c'est vous qui nous y avez mis... avez-vous trouvé quelque chose?..

BRISSAC. Non, pas encore... je cherchais, tenez, quand ces maudites vieilles...

BEAUDAU. C'est bien, c'est bien... laissons là les vieilles...

BRISSAC. Comme vous voudrez... mais dites-moi donc, monsieur Beaudau, vous qui êtes un homme à expédiens, est-ce que vous n'avez rien trouvé non plus?

BEAUDAU. Moi? un homme à expédiens!

BRISSAC. Oh! ça... c'est une justice à vous rendre, vous mentez avec un aplomb!..

BEAUDAU. Plaît-il?

BRISSAC. C'est vrai... il y a du plaisir à

vous avoir pour compagnon de folies... vous rendez la main on ne peut mieux!..

BEAUDAU. Quelle infamie!.. et c'est à moi!.. (*A Sédages.*) Vous l'avez entendu, monsieur, c'est pourtant vous, qui me valez tout ça!

SÉDAGES. Brissac...

BRISSAC. Quoi?.. est-ce que tu as été plus heureux que nous?.. voyons explique-toi... dis-nous ton moyen.

SÉDAGES. Mon moyen?.. oh! moi, je ne puis penser à m'en aller avant d'avoir entretenu Marie...

BEAUDAU. Qu'est-ce que c'est?.. du tout, du tout, je n'entends pas ça... que tu l'ayes vue ou non... nous partirons... Nous avons heureusement échappé, tantôt... au.. recueillement de monsieur... c'est fort bien.. mais il peut survenir, à chaque instant, quelque nouvelle anicroche, et je ne veux pas vivre ainsi dans des transes continuelles!

On frappe à la porte de gauche.

BRISSAC. Chut! (*Contrefaisant sa voix.*) qui frappe?

SCÈNE III.
SÉDAGES, BEAUDAU, BRISSAC, LA SUPÉRIEURE.

LA SUPÉRIEURE, *en dehors.* C'est moi, mes révérends.

BRISSAC. La supérieure... Eh! vite nos robes... (*A Beaudau.*) Aidez-le donc un peu... il est si gauche...

BEAUDAU. C'est juste... voyons...
Il aide à Sédages.

LA SUPÉRIEURE. Est-ce que vous ne pouvez pas me recevoir?

BRISSAC, *achevant d'ajuster sa robe.* Si fait... c'est que nous étions en conférence.
Il va pour ouvrir.

BEAUDAU, *à Sédages.* Prends donc garde, ta dentelle passe... (*Il rentre lui-même le bout de la colerette de Sédages sous sa robe.*) A quoi suis-je réduit, grand Dieu!

BRISSAC, *ouvrant la porte.* Entrez, ma sœur.

LA SUPÉRIEURE. Pardon, mes révérends, de venir troubler vos pieux entretiens... ah! monsieur Beaudau était avec vous.

BEAUDAU, *avec un soupir.* Oui, ma sœur.

LA SUPÉRIEURE. Ils vous édifiaient sans doute, ces bons pères.

BEAUDAU. Hein?.. oui... oui... ils m'édifiaient!

LA SUPÉRIEURE.
Air: *Du premier prix.*

Ah! dans leur sainte compagnie
Que le cœur est en doux émoi!
Ils vous ravissaient, je parie.

BEAUDAU.
Oui, j'étais ravi sur ma foi.

LA SUPÉRIEURE.
En paradis on peut se croire,
Lorsqu'auprès d'eux on est admis...

BEAUDAU, *bas à Sédages.*
Que serait donc le purgatoire,
Si c'était là le paradis!

LA SUPÉRIEURE. Vous avez hâte sans doute de savoir ce qui m'amène près de vous... c'est une grande et heureuse nouvelle, mes pères... Monseigneur le cardinal de Richelieu, doit arriver ici demain matin.

BEAUDAU, SÉDAGES et BRISSAC. Le cardinal!

LA SUPÉRIEURE. Le conseil de la communauté va s'assembler pour délibérer sur la manière de recevoir dignement son éminence, et nous espérons que vous daignerez vous joindre à nous, ainsi que M. Beaudau, pour nous donner vos sages avis.

BRISSAC. Avec plaisir... certainement.

SÉDAGES, *bas.* Et Marie; comment pourrai-je la voir?

BRISSAC, *de même.* Laisse-moi faire... (*Haut.*) Je vais vous dire, ma sœur... par suite de l'arrivée du cardinal... à laquelle nous étions loin de nous attendre, je vous l'avoue... nous avons aussi de notre côté quelques mesures d'urgence à prendre... des dispositions personnelles... vous permettrez donc que mon frère reste ici, tandis que M. Beaudau et moi, nous vous accompagnerons.

LA SUPÉRIEURE. Comme il vous plaira, mon père.

BEAUDAU, *bas.* Vous auriez vraiment le front d'aller à ce conseil?

BRISSAC, *de même.* Il le faut bien, pour éviter les soupçons...

LA SUPÉRIEURE.
Air *de la valse de Robin.*

Venez vite prendre séance
Au conseil de nos chastes sœurs;
De votre sainte expérience
Venez illuminer nos cœurs.

BRISSAC, *à Sédages.*
Cela te laisse un peu de marge.

A Beaudau.
Mais qui peut encor vous troubler?
Puisqu'enfin de tout je me charge.

BEAUDAU.
C'est bien ce qui me fait trembler!

ENSEMBLE.

LA SUPÉRIEURE.
Venez vite, etc.

Allez, puisqu'il faut en séance
Allons,

Nous
Vous } réunir aux bonnes sœurs,

Tâchons
Tâchez } au moins en leur présence

De ne pas trahir mes/vos frayeurs!

Sédages les reconduit jusqu'à la porte de gauche et la referme sur eux.

SCÈNE IV.
SÉDAGES, puis MARIE.

SÉDAGES, *seul.* Ah! me voilà libre... Mais où trouver Marie, maintenant?.. l'arrivée du cardinal ne me permet plus d'hésiter... je la perds sans retour, si je ne la décide pas à me suivre... mais par quel moyen?.. (*On frappe doucement à la porte du fond.*) Encore!.. c'est à la porte de la galerie de l'église... Qui donc peut venir par là?.. les deux vieilles de Brissac peut-être... Ah! par exemple!.. (*On frappe de nouveau.*) Que me veut-on? qui est là?

MARIE, *en dehors d'une voix tremblante.* Moi, mon père.

SÉDAGES. Marie!.. ah! quel bonheur!.. mais il ne faut pas qu'elle me reconnaisse d'abord... (*Il rajuste sa robe.*) elle voudrait fuir peut-être... (*Il va ouvrir.*) Entrez, entrez, ma fille.

MARIE. Je ne sais si je dois... je tremble.

SÉDAGES, *lui prenant la main.* Et pourquoi, mon enfant?

MARIE. Je croyais que M. Beaudau...

SÉDAGES, *refermant la porte.* Est-ce donc lui que vous cherchiez?

MARIE. Oui, mon père... Il a toujours été si bon pour moi!.. je venais lui demander ses conseils...

SÉDAGES, *revenant à elle.* Ne puis-je le remplacer?.. ne vous a-t-il pas dit lui-même de m'accorder toute votre confiance?

MARIE. Oui, mon père.

SÉDAGES. Eh bien... soyez donc sans crainte, et faites-moi vite votre confidence.

MARIE. Mon père... Ah! je suis bien malheureuse.

SÉDAGES. Malheureuse, parce que vous aimez?

MARIE. J'aime!.. on vous l'a dit... et qui donc?..

SÉDAGES. Personne.

MARIE, *le regardant avec un pieux effroi.* Personne!.. vous lisez donc dans l'âme?

SÉDAGES. Non... je n'ai pas cette puissance... (*Lui montrant un papier.*) Mais, tenez... si un autre que moi l'avait trouvé pourtant!.. c'est bien votre écriture, n'est-il pas vrai?

MARIE, *voulant se mettre à genoux.* Qu'ai-je vu?.. Grâce, mon père!.. ne me trahissez pas!

SÉDAGES, *la relevant.* Vous trahir!.. ah! si vous me connaissiez mieux, vous n'auriez pas cette crainte... Vous l'aimez donc bien cet Ernest!

MARIE, *montrant le papier.* Vous avez lu, mon père. Hélas! oui, je l'aime... et j'en suis bien punie!.. car j'aime sans espoir.

SÉDAGES. Sans espoir!.. Et croyez-vous donc que celui que vous aimez puisse vous abandonner jamais?.. lui! lui, qui eut payé de sa vie la certitude que je viens d'acquérir, et qui à présent... oh! à présent, quel homme est plus heureux sur la terre!..

Il laisse retomber son capuchon.

MARIE.

Air : *L'humble toit de mon père.* (Labarre.)

Qu'entends-je? c'était vous... de la pauvre Marie
Ah! deviez-vous, monsieur, surprendre ainsi le cœur?
Rendez-moi cet écrit...

SÉDAGES.

Ah! demandez ma vie,
Mon sang! mais pas cela, car c'est tout mon bonheur!

ENSEMBLE.

MARIE.

Ah! pardonne ma flamme,
Dieu puissant, tu le vois,
S'il a lu dans mon âme
Ce fut bien malgré moi.

SÉDAGES.

Aux transports de ma flamme,
Sans remords livre-toi.
Quand j'ai lu dans ton âme
Le ciel s'ouvrit pour moi.

MARIE. Qu'allez-vous penser de moi, maintenant?

SÉDAGES. Je penserai, Marie, que tu es un ange, que ton âme pure et candide est un trésor; et puisque ce trésor est à moi, nulle puissance au monde ne saurait désormais me le ravir.

MARIE. Hélas! oubliez-vous que demain...

SÉDAGES. Demain, et... si nous fuyons aujourd'hui.

MARIE. Moi, fuir avec vous...

SÉDAGES. Avec ton époux, Marie... je le serai, je le jure! Oui, nous fuirons ensemble, loin de cette province, de la France, même... l'Espagne nous offre un sûr asile... Là, nous serons unis, heureux pour toujours!

MARIE. Heureux, nous ne pouvons l'être que de l'aveu de ma famille... quelque rigoureux que soit le devoir qu'elle m'impose, je dois obéir; je ne vous suivrai pas.

SÉDAGES. Et tu m'aimes... Eh bien, soit, demeure, je resterai aussi, moi; je restrai pour affronter la colère de ton inexorable parent... c'est à son hypocrite ambition qu'on t'immole... ce que j'ai fait pour te voir, pour te sauver, est un crime que la loi punit de mort.

La nuit vient petit à petit.

MARIE. Grand Dieu!

SÉDAGES. Eh bien, la mort donc, puisque tu le veux!

MARIE. Moi!

SÉDAGES. Et pourquoi tiendrais-je à la vie, si je te perds... Ah! Marie, Marie, était-ce là ton amour?

On entend tomber quelque chose derrière la grande porte.

MARIE, *avec effroi.* Écoutez, il y a quelqu'un là.

SÉDAGES. Non, ce n'est rien, le vent du soir peut-être agitant une bannière.

MARIE. Ouvrez, ouvrez, assurez-vous, car j'ai bien peur.

Sédages va pour ouvrir, au même instant on pousse un verrou en dehors.

SÉDAGES. Qu'entends-je?

Il essaye d'ouvrir et ne peut pas. A partir de ce moment, jusqu'à la fin de la scène, l'orchestre exécute un morceau en sourdine.

MARIE. On nous enferme, on va prévenir la supérieure... oh! si l'on me trouvait ici!

SÉDAGES. Ne crains rien... (*Montrant la porte de gauche.*) Cette issue est encore libre; par là, tu peux gagner le cloître.

Elle va sortir.

BEAUDAU, *en dehors.* N'allez pas plus loin ma sœur.

MARIE, *s'arrêtant.* Mon Dieu, que faire?

SÉDAGES. Là, là, dans cette chambre, je tâcherai de les éloigner.

Il la fait sortir par la première porte de droite qu'il referme vivement sur elle. Beaudau et Brissac entrent en ce moment, Beaudau porte une bougie allumée.

SCÈNE V.

SÉDAGES, BRISSAC, BEAUDAU, OPPORTUNE.

BEAUDAU, *en entrant.* Bonsoir, ma sœur.

BRISSAC, *qui croit la sœur partie.* Eh bien, l'as-tu vue, enfin?

SÉDAGES. Oui... Chut!

OPPORTUNE, *avançant la tête à la porte.* Bonsoir, mon révérend...

SÉDAGES. Ma sœur!

BRISSAC, *lui jetant la porte sur le nez et mettant le verrou.* Bonsoir, bonsoir.

BEAUDAU, *tout en allumant les bougies sur la cheminée.* Que les bénédictions du ciel soient avec vous.

BRISSAC. Oui... et que le diable t'emporte!

SCÈNE VI.

SÉDAGES, BRISSAC, BEAUDAU.

BEAUDAU. Encore! nous étions pourtant bien convenus de ne plus lui faire emporter personne.

BRISSAC, *ôtant sa robe.* Que voulez-vous, c'est plus fort que moi... Elles m'ont tant ennuyé aussi à leur maudit conseil! Cependant, je m'y suis bien conduit, hein? j'espère que j'ai dit de belles choses.

BEAUDAU. Oui, oh! superbes... Mais faites-moi donc le plaisir de me laisser tranquille un instant, j'ai besoin de lire mon bréviaire pour me remettre un peu.

Il s'assied près de la table et lit son bréviaire.

BRISSAC. A votre aise, M. Beaudau, à votre aise... nous, pendant ce temps-là, nous aviserons aux moyens d'assurer notre fuite... car, maintenant qu'il a vu sa chère Marie, je ne pense pas qu'il soit nécessaire que nous attendions ici le cardinal.

BEAUDAU, *se levant.* Je crois bien; il a raison, Ernest, partons vite.

SÉDAGES. Partir, je ne demande pas mieux, mais comment?

BEAUDAU. Ah! oui, c'est vrai, comment? je n'y pensais plus!

BRISSAC. Et j'y pensais, moi, j'y pensais pour lui, pour vous, pour moi; car il faut que j'aye de la tête pour tout le monde, à ce qu'il paraît.

BEAUDAU. Oui, elle est bonne votre tête, je vous conseille de vous en vanter!

BRISSAC. Bonne ou mauvaise, je ne la perds pas, toujours, et voilà l'essentiel... écoutez... Tout à l'heure, des fenêtres de la salle du chapitre, j'ai reconnu que de l'autre côté du mur qui sert de clôture à ce jardin, est le petit bois où nos gens doivent être cachés depuis ce matin avec nos chevaux... En me promenant tantôt, j'avais déjà remarqué le long de la charmille une échelle convenable pour l'escalade...

BEAUDAU. Eh bien?

BRISSAC. Eh bien, le reste ne va-t-il pas seul? aussitôt le couvre-feu sonné, nous descendons sans bruit, nous dressons l'échelle, nous piquons des deux, et vienne demain le terrible cardinal, nous serons loin.

SÉDAGES. Mais, mon bon maître.

BRISSAC. M. Beaudau, il restera ici.

BEAUDAU. Ah! je reste, moi?
BRISSAC. Sans doute, partir, ce serait vous compromettre.
BEAUDAU. Fort bien, mais quand on me demandera...
BRISSAC. Quoi? ce que nous sommes devenus? vous direz que vous n'en savez rien... vous a-t-on chargé de nous garder, nous connaissiez-vous avant ce jour?
BEAUDAU. Si je connaissais mon élève?
BRISSAC. Je veux dire, connaissiez-vous les moines... non certainement, pas plus que la supérieure, et toute la gent carmélite... Voilà donc votre réponse toute trouvée : Je ne les connaissais pas, ils m'ont trompé, ce sont des fourbes...
BEAUDAU. Nh! ça!
BRISSAC. Des vauriens!
BEAUDAU. Bien certainement.
BRISSAC. Des impies!
BEAUDAU. Hélas!
BRISSAC. Des... Enfin tout ce que vous voudrez... ayez soin seulement de crier un peu plus fort que les autres... ça ne manque jamais son effet... quand l'innocence a crié, on n'a plus rien à lui demander.
BEAUDAU. Mais ma conscience, malheureux!
BRISSAC. Ah! dame votre conscience... elle se calmera plus tard... pour le moment comme vous avez autre chose à faire, vous tâcherez de n'y pas penser...
Il se dirige vers la porte de la chambre où est Marie.
BEAUDAU. Quelle infamie! (*Il va se rasseoir près de la table.*) Pourvu qu'ils réussissent encore!
SÉDAGES, *arrêtant Brissac.* Où vas-tu?
BRISSAC. Jetter là mon froc; car pour monter à cheval... et toi, tu n'ôtes pas le tien.
SÉDAGES, *ôtant sa robe.* Si fait, si fait... donne... je m'en charge.
Il jette les deux robes dans la chambre et en referme vivement la porte.
BRISSAC. L'instant de partir approche... voyons donc si notre échelle.
Il va à la fenêtre, on frappe à la porte du fond.
SÉDAGES, *le retenant.* Ecoute!
BRISSAC, *bas à Beaudau.* Demandez ce qu'on nous veut.
BEAUDAU, *de même.* Oui... attendez... que je tâche de ne pas trembler. (*On frappe encore.*) Qui frappe là? que voulez-vous?
LOUISE, *en dehors.* Ouvrez-moi donc, M. Beaudau.
BEAUDAU. Louise! oh! la petite masque, que vient-elle faire ici?
SÉDAGES. Ah! c'était elle sans doute, qui tout à l'heure... (*A Beaudau.*) Dites que vous ne pouvez la recevoir.

BEAUDAU, *bas.* Parbleu! je crois bien!.. (*Haut, parlant contre la porte.*) Voulez-vous bien vous en aller, mademoiselle... est-ce une heure pour déranger des hommes comme nous dans leur retraite?
LOUISE, *en dehors.* Ce n'est pas ma faute, M. Beaudau... on m'a enfermée dans l'église, et je ne sais plus comment faire pour regagner ma cellule... si vous ne m'ouvrez pas, je serai forcée de sonner le tocsin, pour qu'on vienne me délivrer.
BEAUDAU, *bas.* Sonner le tocsin!
BRISSAC, *de même.* Elle le ferait comme elle le dit! ouvrez, ouvrez vite, et débarrassez-vous-en après comme vous pourrez.
SÉDAGES. Mais...
BRISSAC. Viens donc!
Il entraîne Sédages avec lui dans la chambre où est Marie.

SCÈNE VII.
LOUISE, BEAUDAU.

BEAUDAU, *ouvrant la porte du fond.* Allons, entrez, mademoiselle.
LOUISE. Merci, M. Beaudau... ah! il faisait un peu frais là dedans... tiens, où sont donc les autres?
BEAUDAU. Qu'est-ce à dire, les autres? les révérends.
LOUISE. Laissez donc, est-ce qu'il y a des révérends?
BEAUDAU. S'il y a des révérends!
LOUISE. Ecoutez, M. Beaudau, ne cherchez pas à mentir avec moi...
BEAUDAU. Plaît-il?
LOUISE. D'abord, ce serait mal pour u[n] chanoine... et puis, comme je sais tout ce serait inutile.
BEAUDAU. Comment, comment? q[ue] savez-vous donc, s'il vous plaît?
LOUISE. Je vais vous dire... j'étais dans la galerie de l'église... par hasard. si bien que sans y penser je me suis a[p]prochée de la porte, ce qui fait que... sa[ns] le vouloir, j'ai tout vu par le trou de la s[er]rure...
BEAUDAU. Quoi! vous avez osé!
LOUISE. C'est mal, j'en conviens... m[ais] vous avez bien aussi quelque petite cho[se] à vous reprocher, vous, monsieur Bea[u]dau; car enfin, un chanoine compl[ice] de...
BEAUDAU. Moi complice... et de qu[oi] de quoi?
LOUISE. Puisque je vous dis que je s[ais] tout.
BEAUDAU. Tu sais tout, tu sais tout[...] eh bien, va te coucher alors, puisque

n'as plus rien à apprendre.
LOUISE. Sans dire bonsoir aux révérends. Oh! ce serait malhonnête. (*Ouvrant la porte de la chambre.*) Venez donc, messieurs les officiers... oh! ne craignez rien... j'ai pu être curieuse... mais je ne suis pas méchante; et ce n'est pas moi qui vous empêcherai de vous sauver.

SCÈNE VIII.
Les Mêmes, SÉDAGES, BRISSAC.

BRISSAC, *affectant un air sérieux.* Disposez de nous, mademoiselle, nous nous rendons à discrétion.
LOUISE. C'est bien, messieurs, tout à l'heure, je vous ferai connaître mes intentions... (*A Beaudau.*) J'espère que voilà de la dignité!
BEAUDAU. Mais c'est qu'elle raille encore!.. vous l'avez entendue... ça vous regarde à présent... moi, j'y renonce d'abord!.. ah! quelle journée! quelle journée!
Il va se jeter désespéré sur le fauteuil près de la table.
BRISSAC, *prenant la main de Louise.* Ah! ça, mon petit lutin, il est bien convenu que vous ne nous voulez pas de mal, n'est-ce pas?
LOUISE. Vraiment non, au contraire...
SÉDAGES. Et vous nous laisserez partir?
LOUISE. Oui, mais à une condition... c'est que si on enlève ma cousine, on m'enlèvera aussi.
BRISSAC. Vous enlever!.. eh! mais...
BEAUDAU, *se levant brusquement.* Enlever!.. qui est-ce qui parle d'enlever ici?.. enlever qui, voyons?
LOUISE. Je viens de le dire, ma cousine Marie.
BEAUDAU, *hors de lui.* Enlever Marie!
SÉDAGES. Plus bas, plus bas!.. calmez-vous, mon ami!
BEAUDAU. Je ne suis plus votre ami!
SÉDAGES. De grace! si on vous entendait!..
BEAUDAU. Ça m'est égal... je n'écoute plus rien... un rapt à présent!.. ah! cela passe toutes les bornes... je m'exaspère à la fin!
LOUISE. Pourquoi donc?.. c'est pourtant bien naturel... le capitaine aime ma cousine, ma cousine aime le capitaine... Ils s'aiment tous les deux enfin... d'un autre côté, on veut la sacrifier, la faire carmélite malgré elle... comme moi... vous voyez donc bien qu'il faut qu'on l'enlève... et moi aussi.

BEAUDAU. Quelle honte! l'entendez-vous?.. l'entendez-vous?.. une petite fille de seize ans!
LOUISE. Petite fille... seize ans!.. d'abord, j'en ai dix-sept... et d'ailleurs, l'âge ne fait rien ici... Si Marie a aimé avant moi, c'est par hasard, il n'y a pas de droit d'aînesse pour ça... ce qu'il y a de sûr, toujours, c'est que je n'aime pas encore, et que je crois bien qu'on ne m'aime pas non plus. (*A Brissac.*) N'est-ce pas, monsieur, mais c'est égal... comme ça peut arriver d'un moment à l'autre, je veux profiter de l'occasion pour être libre... je n'en trouverais peut-être jamais une si belle... ainsi, voilà qui est décidé, messieurs, j'accompagne ma cousine... mais soyez tranquilles. (*Regardant Brissac.*) Ça n'engage personne à rien... on n'est pas obligé d'avoir de l'amour pour ça... si cela vient plus tard, on verra.
BRISSAC, *riant.* Elle est très amusante, ma foi!
LOUISE, *piquée.* Amusante!..
BEAUDAU. C'est effrontée qu'il fallait dire... Je vous en donnerai, moi, des enlèvemens... fi! mademoiselle, fi!.. allez-vous-en bien vite dans votre cellule, vous ferez beaucoup mieux... allez, allez.
Il veut la faire sortir.
LOUISE, *se dégageant.* Du tout... je ne m'en irai pas sans ma cousine.
BEAUDAU. Votre cousine... il y a long-temps qu'elle dort, j'espère.
LOUISE, *montrant la chambre.* Mais non, puisqu'elle est là!
BEAUDAU. Là!.. Marie!.. oh! elle était là!

Air de la Maison de plaisance.

C'en est trop! ah! vraiment,
La fureur me transporte,
Sans retard qu'elle sorte,
Et s'éloigne à l'instant!
BRISSAC, *à la fenêtre.*
Ne bougez pas... faites silence!
Là-bas... voyez cette lueur...
Une troupe au galop s'avance...
BEAUDAU.
Est-ce encore un nouveau malheur?
On entend sonner, à grand bruit, la cloche d'entrée du couvent.
Qui donc ici vient en visite,
Pour faire ce bruit infernal?
LOUISE.
Est-ce déjà le cardinal?
BEAUDAU.
Le cardinal! sauvez-vous vite!
Malheureux, sauvez-vous bien vite!

BRISSAC. (*Parlé.*) Nous sauver... cela n'est plus possible... des soldats ont pénétré dans le jardin.
BEAUDAU. Juste ciel!

BRISSAC. Soufflez les bougies.
BEAUDAU. Oui.

Il essaye de les souffler, mais comme il tremble, Louise est obligée de l'aider.

BEAUDAU.
(Reprise de l'air ci-dessus.)

Je frissonne! ô terreur!
Si c'était, que faire?
Comment fuir sa colère?
Ah! j'en mourrai de peur!

SÉDAGES, BRISSAC, LOUISE.

Rassurez votre cœur,
Nous pourrons, je l'espère,
Eviter sa colère,
Mais calmez votre peur!

LOUISE, *à la porte de gauche.* J'entends des pas dans le corridor...

BEAUDAU. Est-ce qu'ils viennent par ici?

LE GOUVERNEUR, *en dehors.* Conduisez-moi à leur appartement.

LOUISE, *toujours à la porte.* C'est la voix de mon oncle...

SÉDAGES. Le père de Marie!..

BEAUDAU. Nous voilà bien.

LOUISE. Ils approchent... sauve qui peut...

Elle se sauve dans la chambre où est Marie.

LA SUPÉRIEURE, *en dehors.* Mais, monseigneur, s'ils reposent...

LE GOUVERNEUR. On les réveillera.

BRISSAC, *à Sédages.* Allons... il n'y a plus que l'audace qui puisse nous tirer d'affaire... vite à nos robes...

LE GOUVERNEUR, *en dehors, mais plus près.* Ce sont de faux moines, vous dis-je.

SÉDAGES et BRISSAC, *s'arrêtant.* Des faux moines!

BEAUDAU. Tout est découvert... que devenir? (*On frappe à la porte.*) Ah! chaque coup me répond là!

BRISSAC, *bas à Beaudau.* Dites que nous nous sommes partis depuis une heure.

BEAUDAU, *comme hébété.* Oui.

SÉDAGES. Par le jardin.

BEAUDAU. Oui.   *On frappe encore.*

BRISSAC. Du sang-froid surtout. (*Montrant Sédages.*) Il y va de sa vie!

BEAUDAU. Oui.

LE GOUVERNEUR, *en dehors.* Ouvrez, au nom du Roi!

SÉDAGES. Songez que Marie serait déshonorée!

BEAUDAU. Oui.

On frappe plus fort.

BRISSAC, *lui secouant la main.* Du calme, du calme!

BEAUDAU, *tremblant.* Oui, oui...

Sédages et Brissac entrent dans la chambre après en avoir retiré la clé.

LE GOUVERNEUR. Ouvrirez-vous enfin?

BEAUDAU. On y va,... on y va.

Il ouvre. Le Gouverneur entre suivi de la Supérieure, d'Opportune et d'un peloton de gardes. Au même instant, la porte du fond s'ouvre aussi, et l'on voit encore des gardes dans la galerie supérieure de l'église. — On rallume les bougies.

SCÈNE IX.

BEAUDAU, LE GOUVERNEUR, LA SUPÉRIEURE, OPPORTUNE, UN CHEF, Gardes.

LE GOUVERNEUR, *sévèrement.* Vous avez bien tardé à ouvrir, monsieur le chanoine.

BEAUDAU. C'est que je... je lisais mon bréviaire...

LE GOUVERNEUR. Vous lisiez sans lumières?

BEAUDAU. Non... le vent... au moment où on a ouvert la porte... le courant d'air, voyez-vous...

LE GOUVERNEUR. Assez.

BEAUDAU. Oui, monseigneur.

LE GOUVERNEUR. Où sont les deux prétendus moines arrivés ici ce matin?

BEAUDAU. Les révérends?

LE GOUVERNEUR. Les avez-vous bien pris pour des révérends, en effet?.. Ne les connaissiez-vous pas?

BEAUDAU. Moi?.. du tout, monsieur le comte... pas le moins du monde.

LE GOUVERNEUR. N'est-ce pas là leur chambre?

BEAUDAU. Et la mienne, oui... (*Le gouverneur fait un signe aux gardes.*) Mais ils n'y sont pas... il y a plus d'une heure qu'ils sont descendus au jardin, et... je ne les ai pas revus depuis.

LE GOUVERNEUR. Se seraient-ils évadés par là?.. (*Au chef des gardes.*) Allez, visitez partout, et revenez me rendre compte.

LA SUPÉRIEURE. Serait-il indiscret de vous demander, monseigneur, de quoi sont accusés les révérends?

LE GOUVERNEUR. Les révérends!.. Combien de fois faudra-t-il donc vous dire que ce sont des fourbes?.. On s'est assuré que ce sont les agens d'un horrible complot tramé contre la vie du cardinal, et qu'ils n'ont pris la robe vénérée de deux missionnaires en renom, qu'afin d'approcher plus aisément de son Eminence, et la frapper à coup sûr.

BEAUDAU. Quelle atrocité!.. Non!.. ça n'est pas vrai... Eux, assassiner le cardinal!.. les pauvres garçons... c'est une infâme calomnie!

LE GOUVERNEUR. Qu'est-ce à dire?.. vous les connaissiez donc?

BEAUDAU. Moi?.. non, monseigneur

non, je voulais dire seulement qu'ils ne m'ont pas fait l'effet... parce que leur physionomie... leur langage... et quant à un complot, je jurerais... voilà tout ce que je puis vous dire.

LE GOUVERNEUR. Il suffit, monsieur, nous reviendrons à vous plus tard... (*Au chef des gardes qui rentre.*) Eh bien?

LE CHEF. Nous n'avons trouvé personne... (*Le gouverneur regarde Beaudau, qui cherche à se donner une contenance, en levant les yeux au ciel et en tournant ses pouces l'un autour de l'autre.*) Mais contre le mur d'enceinte nous avons vu une grande échelle... près de l'échelle, nous avons remarqué l'empreinte de plusieurs pas d'hommes... et vers le haut du mur quelques dégradations... Il nous a paru probable alors que ceux que nous cherchions avaient fui par là.

BEAUDAU. C'est évident.

LE GOUVERNEUR. Silence!.. Faites monter sur-le-champ vingt gardes à cheval, et qu'ils courent dans toutes les directions sur la trace des fugitifs... (*A la supérieure.*) Regagnons votre appartement, ma sœur.

BEAUDAU, *à part, respirant*. Ah!..

LE GOUVERNEUR. Vous, monsieur, suivez-nous.

BEAUDAU. Avec plaisir, monseigneur.

En ce moment on entend heurter un meuble dans la chambre de droite.

BEAUDAU, *se laissant tomber dans un fauteuil*. Je suis mort!

LE GOUVERNEUR. Il y a quelqu'un dans cette chambre.

BEAUDAU, *à part*. Ce sera la petite Louise.... elle ne peut pas tenir en place!

LE GOUVERNEUR. Ainsi, monsieur, vous m'en imposiez!.. Et la clé... où est-elle?

BEAUDAU. La clé... je ne sais... je ne l'ai pas...

LE GOUVERNEUR, *aux gardes*. Qu'on enfonce cette porte!...

Les gardes s'avancent pour exécuter son ordre. Au même instant, la porte s'ouvre; Sédages et Brissac paraissent.

SCÈNE X.
Les Mêmes, SÉDAGES, BRISSAC.

SÉDAGES, *en entrant le premier*. C'est inutile, monsieur le comte.

LE GOUVERNEUR. Des officiers de carabiniers!

LA SUPÉRIEURE et OPPORTUNE, *se cachant les yeux*. Des carabiniers!

LE GOUVERNEUR. Messieurs de Sédages et Brissac!.. Et vous le saviez, monsieur le chanoine!

LA SUPÉRIEURE. Ah! monsieur Beaudau!

OPPORTUNE. Monsieur Beaudau!

LE GOUVERNEUR. Quel motif vous amenait dans ce couvent, messieurs?

BRISSAC. Est-il bien nécessaire de vous dire, monsieur le comte, que ce n'est pas un complot contre la vie du cardinal?

LE GOUVERNEUR. Pas de plaisanteries, messieurs, la circonstance est grave, et n'en comporte pas... Est-ce vous qui vous êtes introduits ici ce matin sous les habits de moines?

BRISSAC. Oui, monsieur le comte, nous ne gagnerions rien à le nier, c'est mon camarade qui était le franciscain, et moi, le capucin... indigne.

OPPORTUNE. Sainte-Vierge!.. quand je songe que j'ai failli me confesser!.. Ah! M. Beaudau!

LA SUPÉRIEURE. M. Beaudau!

LE GOUVERNEUR. Et que sont donc devenus les misérables qui étaient arrivés hier à Tours, sous les mêmes habits?

BRISSAC. Ma foi, monsieur le comte, il paraît que sans nous en douter, nous avons rendu un grand service à son éminence; car, grâce à nous, vos deux coquins sont en ce moment sous bonne garde à l'hôtellerie de la Croix-Blanche.

BEAUDAU. C'est vrai.

LE GOUVERNEUR. Comment cela?

BRISSAC. Aux arrêts forcés, pendant que nous prenions leurs robes... Voyez pourtant : si nous avions été plus raisonnables le premier ministre de France était perdu. On ne sait pas combien les mauvais sujets sont utiles dans un gouvernement!

LE GOUVERNEUR. Bien vous en prend, en effet, d'avoir rendu ce service au cardinal. Cependant, messieurs, jusqu'à ce qu'on ait reconnu la vérité de votre déclaration, je dois m'assurer de votre personne.

SÉDAGES, *vivement*. C'est juste, oui, monseigneur, emmenez-nous... nous sommes prêts à vous suivre.

Il entraîne Beaudau pour suivre le gouverneur. Pendant ce mouvement le chef des gardes qui a remarqué que Sédages a refermé la porte avec inquiétude, l'entr'ouvre et regarde.

LE CHEF DES GARDES. Mais il y a encore quelqu'un là...

Tout le monde s'arrête.

LE GOUVERNEUR. Que dites-vous?

SÉDAGES. Rien... rien... ce sont nos robes qu'il aura vues dans l'ombre.

LE CHEF DES GARDES. Elles remuent donc toutes seules les robes?

LE GOUVERNEUR. Voyez... assurez-vous !
SÉDAGES, à part. Pauvre Marie !
BEAUDAU. C'est notre coup de grace !
LE CHEF DES GARDES, *sur la ritournelle du morceau suivant.*

Venez, venez... monseigneur l'ordonne...

Il entre en tenant d'une main Marie et de l'autre Louise, qui se cachent de leur mieux dans leurs robes de moines. Tous les gardes les examinent avec curiosité. La supérieure et Opportune ont l'air scandalisé. Le gouverneur, en reconnaissant des femmes, ne peut s'empêcher de sourire.

LE GOUVERNEUR.

Air *nouveau de M. Doche.*

Pour cette fois, messieurs, j'en ai bien l'assurance,
Ce n'était pas contre son éminence
Qu'un complot se tramait ici !..
A la supérieure.
Pour vous aussi, ma sœur, je pense,
Le doute doit être éclairci.
LA SUPÉRIEURE.
Ah! croyez, monseigneur,
A Opportune.
Pour le couvent quel déshonneur !

ENSEMBLE.

MARIE, LOUISE, SÉDAGES, BEAUDAU.

Quel moment ! ô terreur !
Contre nous tout conspire.
A peine je respire...
L'effroi glace mon cœur.

LA SUPÉRIEURE et OPPORTUNE.

Quelle honte, ma sœur.
Hélas ! que va-t-on dire ?
Contre nous tout conspire,
Armons-nous de rigueur.

LE GOUVERNEUR.

A punir une erreur,
Leur effroi doit suffire ;
Et déjà leur martyre
Désarme ma rigueur.

BRISSAC et LE CHOEUR.

Sur elles quel malheur
Une imprudence attire !
Combien leur sort inspire
D'intérêt à mon cœur !

LE GOUVERNEUR, *à la supérieure.* Calmez-vous, ma sœur, calmez-vous... de l'indulgence...

LA SUPÉRIEURE. Non, monseigneur, non, l'indulgence serait ici de la faiblesse. Levez ces capuchons, mesdemoiselles, je vous l'ordonne !

SÉDAGES. N'en faites rien ! quoi ! devant tout ce monde... ah ! monseigneur, laisseriez-vous deshonorer ainsi de pauvres jeunes filles, que le hasard seul a compromises ?.. Il n'y a ici que nous de réellement coupables... avant de les exposer à mourir de honte, qu'on nous laisse au moins essayer de réparer nos torts !

LE GOUVERNEUR. Votre intention est-elle vraiment de les réparer ?

SÉDAGES. Si nous étions assez heureux pour obtenir l'aveu de leur famille..

LE GOUVERNEUR. Après un pareil éclat, je ne vois pas ce que des parens auraient à faire de mieux.

BEAUDAU, *bas à Brissac.* Vous épouseriez donc aussi ?

BRISSAC, *de même.* Pourquoi pas, c'est original.... et puis cette pauvre petite...

BEAUDAU, *lui serrant la main.* C'est bien, capitaine, c'est très bien.

BRISSAC. N'est-ce pas que j'ai du bon ?

LE GOUVERNEUR, *après avoir causé bas avec la supérieure.* Je voudrais comme vous, messieurs, épargner à ces demoiselles la douleur d'être reconnues ici... mais nous n'atteignons par là que la moitié de votre but... car demain tout le couvent...

SÉDAGES. J'y ai songé, monseigneur... ordonnez que personne ne les suive hors de cette salle ; qu'elles puissent regagner seules leurs cellules... en passant près du cloître, elles y jetteront ces robes ; et demain, il sera impossible de deviner qui d'elles ou de leurs compagnes les aura laissées là.

LE GOUVERNEUR, *se tournant vers la supérieure.* En effet...

LA SUPÉRIEURE. Impossible, monseigneur... en sauvant ainsi la honte aux vraies coupables, on laisserait planer le soupçon sur celles qui ne le sont pas... et c'est une injustice à laquelle ma conscience me défend de me prêter.

LE GOUVERNEUR, *avec regret.* Votre scrupule est fondé, madame, quoiqu'il puisse m'en coûter, je n'insiste plus.

L'orchestre reprend le motif de la marche des moines de la fin du premier acte jusqu'à la chute du rideau.

LA SUPÉRIEURE, *s'avançant.* Allons, mesdemoiselles, obéissez.

SÉDAGES. Arrêtez ! monseigneur !.. (*Le gouverneur fait signe qu'il n'y peut plus rien ; il le tire à l'écart.*) Et si l'une d'elles était votre fille.

LE GOUVERNEUR. Que dites-vous ? monsieur ! (*Après un moment d'hésitation.*) Sortez, mesdemoiselles... restez madame !.. que personne ne bouge. (*Bas à Sédages.*) Demain le cardinal signera votre contrat.

Sur un geste du gouverneur, les rangs des gardes se sont ouverts ; Marie et Louise s'éloignent, en se cachant toujours de leur mieux. La supérieure et Opportune suffoquent et veulent les suivre ; un nouveau geste du gouverneur les arrête. Beaudau est radieux, M. de Pont-Courlay revient à Sédages et lui tend sa main, que celui-ci porte à ses lèvres.

FIN.

Impr. de J.-R. MEVREL, passage du Caire, 54.

www.ingramcontent.com/pod-product-compliance
Lightning Source LLC
Chambersburg PA
CBHW060558050426
42451CB00011B/1979